MW00748525

NUEVAS HERRAMIENTAS COMERCIALES

Guía de acceso rápido al MÓVIL MARKETING

Edición original:
KOGAN PAGE LIMITED

Título original en inglés:
A QUICK START GUIDE TO MOBILE MARKETING

Traducción:
MARIANA FRONTERA

Diseño de tapa:
DCM DESIGN

Neil Richardson

Guía de
acceso rápido al
MÓVIL MARKETING

**Cómo crear una campaña
competitiva en el mejor medio
de comunicación del mercado**

GRANICA

BUENOS AIRES - BARCELONA - MÉXICO - SANTIAGO - MONTEVIDEO

© 2010 *by* Neil Richardson
Publicado por primera vez en Gran Bretaña
y en Estados Unidos en 2010 por Kogan Page Limited
© 2013 *by* Ediciones Granica S.A.

ARGENTINA
Ediciones Granica S.A.
Lavalle 1634 - 3º G / C1048AAN, Buenos Aires, Argentina
Tel.: +54(11) 4374-1456 Fax: +54(11) 4373-0669
granica.ar@granicaeditor.com
atencionaempresas@granicaeditor.com

MÉXICO
Ediciones Granica México S.A. de C.V.
Valle de Bravo Nº 21 El Mirador, Naucalpan de Juárez, Edo de Méx.
53050 Estado de México - México
Tel.: +52 (55) 5360-1010 Fax: +52 (55) 5360-1100
granica.mx@granicaeditor.com

URUGUAY
Ediciones Granica S.A.
Scoseria 2639 Bis
11300 Montevideo, Uruguay
Tel: +59 (82) 712-4857 / +59 (82) 712-4858
granica.uy@granicaeditor.com

CHILE
granica.cl@granicaeditor.com
Tel.: +56 2 8107455

ESPAÑA
granica.es@granicaeditor.com
Tel.: 34 (93) 635 4120

www.granicaeditor.com

Reservados todos los derechos, incluso el de reproducción
en todo o en parte, en cualquier forma.

GRANICA es una marca registrada

ISBN 978-950-641-791-8

Hecho el depósito que marca la ley 11.723

Impreso en Argentina. *Printed in Argentina*

Richardson, Neil
   Guía de acceso rápido al móvil marketing : cómo crear una campaña
competitiva en el mejor medio de comunicación del mercado . - 1a ed. -
Ciudad Autónoma de Buenos Aires : Granica, 2013.
   208 p. ; 20x14 cm.

   ISBN 978-950-641-791-8

   1. Marketing. 2. Publicidad. I. Título
   CDD 658.8

Índice

PRÓLOGO

En primer lugar aprovecho la oportunidad para agradecerle por haber comprado este libro. Al haberlo hecho, usted ha pasado a ser uno de mis clientes, lo que significa mucho para mí. A medida que recorra los capítulos verá que el tema de los clientes es lo único que importa en la vida profesional de un comerciante. Si no es un comerciante quizá se pregunte si el marketing realmente funciona. En pocas palabras: sí lo hace, pero déjeme explicarle por qué.

Se realizaron análisis exhaustivos sobre las cuestiones relacionadas con el fracaso, la recuperación y el cambio de rumbo corporativo a lo largo de las últimas décadas. No hay dudas de que existen muchos factores que influyen y que cada situación es única. A pesar de ello, no cumplir con los objetivos se divide en tres categorías, a saber:

- mala gestión;

- falta de control financiero, y

- no promocionar la empresa de manera eficaz.

Estoy seguro de que muchos analistas consideran el tercero como el mayor problema para los negocios actuales. Permítaseme hacer una aclaración:

La mayor amenaza para el futuro de su empresa es probable que sea un marketing ineficaz.

Es decir, un marketing de mala calidad, nada más y nada menos. Muchas personas (mal informadas) creen que el marketing es algo absurdo, efímero o, en el peor de los casos, engañoso. Por eso, consideraremos el rol de algunos de los mitos del marketing que generan escepticismo (en el Capítulo 2). Más adelante, analizaremos además las consecuencias para los empresarios (en el Capítulo 8), ya que este texto está dedicado a ayudarlo a que usted mejore sus decisiones de marketing y que lo haga de la mejor manera.

A lo largo de mi carrera trabajé para organizaciones y junto con ellas que van desde obras benéficas y PYMES a compañías de primera clase a nivel global. He visto decisiones administrativas que en ocasiones fueron ingeniosas pero a menudo no contaban con buena información, lo cual da miedo ya que los directivos solo tienen que hacer dos cosas: primero, tomar decisiones, y segundo, implementar los cambios basados en ellas. Por lo tanto, el objetivo es ayudarlo a que tome mejores decisiones y a que lo haga en lo que respecta al **móvil marketing**.

Como líder de curso de la Leeds Business School para el Chartered Institute of Marketing (CIM) he dado clases a alumnos de todas las edades, con todo tipo de experiencias comerciales, pertenecientes a cualquier clase de organizaciones y mercados. Quienes asisten a CIM son profesionales que estudian en su tiempo libre, y son verdaderos representantes del amplio espectro de organizaciones relacionadas con el marketing.

Me hicieron diferentes tipos de preguntas, todas ellas en torno a cómo hacer para que sus empleadores pudieran perfeccionar las técnicas de marketing, y muchas de las respuestas figuran en este libro.

Este texto está dirigido a profesionales que no tienen tiempo de leer obras de 1.200 páginas. A pesar de que es un texto introductorio, en él se ofrecen puntos de vista acerca de cómo implementar técnicas y estrategias de móvil marketing que no figuran en mucha de la bibliografía de marketing de cabecera. Estoy seguro de que se topará con información nueva que le permitirá desarrollar su conocimiento, sus aptitudes y, con suerte, su actitud. Estos son los elementos básicos que necesitan los empresarios en vías de desarrollo. Tenga en cuenta lo siguiente:

> *La fortuna favorece a las mentes preparadas.* (Louis Pasteur, 1854.)

Y

> *La vida solo puede ser comprendida hacia atrás, pero debe vivirse hacia adelante.* (Soren Kierkegaard, 1967)

Hemos visto empresas cuyo éxito se basaba en la suerte (oportunismo, hallazgos casuales, etc.). Al contrario, también hemos visto a las que les fue mal por las mismas razones. Sin dudas, cuando se combina la suerte con el trabajo arduo pueden superarse todas las expectativas. Kierkegaard señala los beneficios de mirar hacia atrás y de ser capaz de servirse de la experiencia. Primero hay que ganar experiencia, pero ¿cómo hacerlo con algo que recién está emergiendo como es el marketing con teléfonos celulares? Es la clásica paradoja.

¿POR QUÉ TELÉFONOS CELULARES?

Trate de pensar en aquellos inventos que cambiaron radicalmente no solo su vida, sino la de la mayoría de las personas que conoce. Lo que elija debe ser algo que atraviese las fronteras geográficas, generacionales, culturales, socioeconómicas y religiosas. Tiene que haber modificado la forma en que vivimos e, incluso, en que nos comunicamos; capaz de salvar vidas en ocasiones y ser un mero juguete o accesorio de moda en otras.

No hay muchas opciones. Parafraseando al genial Brian Clough, ya fallecido: puede ser que los celulares no sean la única opción, pero sí la mejor. Aunque hay que admitir que no son populares en todas partes, los celulares están muy cerca de representar para la gente todo lo que queremos. Por un lado, son descartables, aunque por el otro, un iPhone 3GST de oro de 22 kilates con diamantes incrustados diseñado especialmente para un empresario australiano fue valuado en 1.920.000 libras esterlinas.

Las comunicaciones móviles se están transformando en una herramienta cada vez más importante y por eso es necesario tomar medidas para adaptar el enfoque a utilizar (ver Tabla 0.1). Para "ALCANZAR NUEVOS NIVELES" deben emplearse teorías de marketing que sustenten e influyan en sus acciones. No alcanza con que un libro trate sobre cómo lidiar con las "trampas del mercado", es necesario comprender "por qué" se están haciendo los cambios, y no quedarse con el "cómo". Recuerde, las comunicaciones móviles representan solo un componente dentro de la creciente mezcla de comunicaciones de marketing de su empresa (ver Capítulo 3). Sin dudas se utilizará cada vez más junto con otras actividades de comunicación de marketing como parte de la combinación de cosas que considere que le permitirán sacar una ventaja.

Existe un alto grado de concordancia entre las comunicaciones móviles y la aplicación de teorías existentes como el proceso de comunicaciones de marketing, las oportunidades en las redes sociales, aspectos prácticos como el control ambiental, la retroalimentación (por ejemplo en el estudio para el desarrollo de un producto nuevo), el empleo de líderes de opinión y otras fuentes creíbles, la publicidad, la promoción de ventas, las relaciones públicas y las actividades de marketing directo. En cuanto me fue posible, cité fuentes en donde podrá investigar más de forma gratuita y exhaustiva. Como veremos más adelante, lo gratuito se está volviendo habitual en la venta online, así que la idea de solicitar un pago para obtener información resulta problemática.

TABLA 0.1 Alcanzar nuevos niveles: ocho pasos para el éxito en el móvil marketing

Niveles	Pasos para el éxito en el móvil marketing
Reflexione acerca de	• el rol del comercio electrónico y de su empresa • su orientación y disposición ante los cambios • su enfoque respecto del marketing
Permítase cambiar	• al reconocer y saltar barreras para adoptar las mejores prácticas de marketing • al agregarle una "e" (de electrónico) a su mezcla de marketing
Comunique activamente	• al manejar el mensaje con consideración • al usar herramientas y técnicas que ayuden a sus clientes • al hacer que su equipo participacipe en la promoción del cambio interno • su marca a sus clientes mediante la adaptación de sus herramientas de comunicación de acuerdo con sus objetivos
Analice su situación	• para conocer sus fortalezas y debilidades • y sea capaz de aprovechar oportunidades futuras • y entienda de qué manera quienes lo rodean pueden colaborar con (o entorpecer) su progreso
Coseche conocimiento	• para saber que está logrando lo que desea • para comprender dónde quiere estar
Fomente el crecimiento	• al adquirir y satisfacer nuevos clientes • mediante la creación de relaciones
Adopte la coordinación	• al planificar sus campañas de marketing • mediante el seguimiento de su éxito en el cumplimiento de sus objetivos
¿En dónde se encuentra?	• en cuanto al tema clave de la sustentabilidad • cuando la tecnología continúe cambiando

Uno de los objetivos de este trabajo es que su empresa pueda prosperar siempre que tenga una idea que haga la diferencia. Manejar una compañía no es un tema para el que haya respuestas establecidas, no es blanco o negro, casi siempre tiene tonalidades de gris. Este libro no va a cambiarle la vida... pero puede ayudarlo un poco. Entonces, una vez más, gracias por su compra y que lo disfrute.

CAPÍTULO 1
REFLEXIONE ACERCA DE...
Cuanto más cambian las cosas, más iguales permanecen

Las crisis son las únicas que raramente no tienen en cuenta lo que dicen los analistas. Mark Twain afirmaba que la historia no se repite pero que rima, lo que está en sintonía con la observación de Kierkegaard (figura en el Prólogo, por si se la perdió), y quienes llevamos adelante nuestras empresas o damos forma a los futuros elementos de cambio debemos reflexionar acerca de las experiencias pasadas.

Cuanto más cambian las cosas...

Todos los empresarios que estuvieron en el rubro en los últimos 10 años notaron que se han producido una gran cantidad de cambios, ya sea por la transformación del mercado, de las necesidades de los clientes o de las condiciones eco-

nómicas. No hay dudas de que la tecnología ha sido fundamental para llevar adelante todos esos cambios: ha modificado nuestras vidas personales y se ha infiltrado en nuestras
actividades diarias, acelerando nuestro ritmo de vida y ofre-
ciéndonos más posibilidades que nunca.

Internet es solo el principio...

Con el tiempo, quienes no hayan adoptado las nuevas tecnologías serán reemplazados por las generaciones venideras que
no saben de diferencias –la generación Z–, lo cual tendrá un
impacto enorme en la sociedad y en las empresas. Los medios
gráficos son los que aún cuentan con la mayor inversión en
publicidad, sin embargo recientemente hubo un hecho clave:
la inversión publicitaria en Internet superó a la de la televisión y
se convirtió en la mayor pauta publicitaria no impresa. Esto no
quiere decir que las cifras de audiencia televisiva no puedan
incrementarse de acuerdo, por ejemplo por la programación
"a la carta"; sin embargo, los anunciantes de televisión están
preocupados por:

- la fragmentación continua del mercado (¿cuántos canales de televisión hay en la actualidad?);

- el uso de grabadores (Sky+, V+, Tivo), que permiten a
  los usuarios saltar la publicidad;

- el aumento del acceso ilegal a transmisiones de, por
  ejemplo, partidos de fútbol;

- que la naturaleza del negocio se vuelva cada vez más
  pequeña, ya que el 99% de las empresas británicas se
  clasifican como pequeñas.

La brecha (entre la inversión online y la televisiva) seguirá am-
pliándose y es solamente cuestión de tiempo para que Internet
se convierta en el medio publicitario más grande. Los análisis

---

Reflexione acerca de... Actividad 1

Lleve a cabo un pequeño estudio entre los miembros de su equipo y otros amigos que pudieran representar al cliente tipo. ¿Cuántas horas de televisión miran? ¿Qué canales y en qué momento? ¿Hay diferencias entre los grupos dependiendo de las edades, etc.? Esto le dará una idea que le servirá para determinar en dónde conviene anunciar. ¿Cómo mediría la efectividad de la campaña?

---

arrojaron que los jóvenes pasan más horas en Internet que mirando televisión. Además, hoy en día, muchísimos hogares tienen acceso a banda ancha. Por lo tanto, ante el hecho de que millones de usuarios poseen Internet, es fácil ver cómo será el potencial del marketing electrónico a largo plazo.

El avance de estas nuevas tecnologías produjo una revolución en las comunicaciones de marketing que afecta a su empresa y, por sobre todo, a los clientes. En nuestro intento por asegurar clientes (que cada vez son más hábiles con la tecnología y, podría decirse, más inconstantes) los celulares ofrecen:

- la posibilidad de comunicarse mediante una conversación bidireccional, estimulante e interactiva;

- un mayor conocimiento y entendimiento en un ambiente atestado y alborotado;

- oportunidades de crear y desarrollar comercio electrónico (o e-commerce).

Marketing electrónico o e-marketing

El e-marketing es la parte de marketing del comercio electrónico. Ha modificado en especial el modo en que los negocios y los clientes interactúan. Además le da un mayor valor agregado a las redes tradicionales. ¿De qué manera? Bueno, lo ayuda a:

- adaptarse a las necesidades de los clientes al fortalecer las relaciones ya existentes;

- reducir los costos por transacción;

- atender a los clientes de un modo distinto del tradicional, sin horarios y lugares fijos;

- lograr los objetivos publicitarios a través del uso de tecnologías digitales como dispositivos electrónicos, electrodomésticos, herramientas, técnicas, tecnologías y/o sistemas;

- modificar la manera en que se presentan en el mercado los bienes y servicios;

- captar nuevos clientes;

- afianzar marcas y fortalecer la fidelidad;

- actualizar con facilidad a los clientes sobre las modificaciones que se hagan; por ejemplo, si altera los horarios de atención, puede hacerlo saber rápidamente.

Como puede ver, va más allá de simplemente tener un sitio web. Es muy probable que ya utilice muchas de las herramientas que conducen a un marketing electrónico exitoso, y que use las comunicaciones de marketing y las redes de datos con las que ya cuenta para contactarse con sus clientes. Desde las formas tradicionales de comunicación, como las publicidades televisivas, la actividad de promoción de ventas y las relaciones públicas, la tecnología nos ha alentado a usar y adoptar conceptos como flashmob, publicidad viral en vídeo y por supuesto... móvil marketing.

Reflexione acerca de... Actividad 2

Realice una auditoría de las herramientas que emplea para comunicarse interna y externamente. Incluya cosas simples como una cartelera y también herramientas más complejas. ¿Cuáles dan mejores resultados? ¿Por qué? Clasifíquelas comparando su utilidad con su costo.

Comercio móvil

En adelante, es más factible que las ganancias que se generen en Internet procedan de los cuatro mil millones de usuarios de teléfonos móviles que de los mil millones de usuarios de PC. En el Capítulo 10 hablaremos sobre algunos desarrollos futuros; mientras tanto recuerde que el comercio móvil:

- se refiere a todas las transacciones que se realizan en una red de comunicaciones móviles;

- es un factor cada vez más decisivo para los canales de distribución modernos (ver Capítulo 2);

- seguirá creciendo debido a la combinación de la tecnología digital cada vez más perfecta y el incremento de la penetración de los smartphones en el mercado.

Reflexione acerca de... Actividad 3

¿Qué preparado está para los cambios inevitables? ¿Hasta qué punto está suficientemente preparado para el próximo estallido del comercio móvil? ¿Cuánto dinero de su presupuesto destina a promover el cambio? ¿Es suficiente? Descubra cuál es el grado de conciencia que tienen los miembros de su equipo de trabajo acerca del papel de las comunicaciones móviles en el futuro. ¿Su gestión apoya la necesidad de realizar cambios? Si en alguno de los casos respondió "poco", ¿qué debería hacer?

Preguntas habituales: ¿hablamos de celulares tradicionales o de los nuevos smartphones?

Ambas formas van a crecer, pero es probable que la tecnología "smartphone" también incremente la importancia del móvil marketing a partir de la venta de celulares inteligentes con acceso a Internet que acaparen una mayor tajada del mercado telefónico, que cuenta con cuatro mil millones de dispositivos anuales. Los smartphones conducirán el comercio móvil hacia el éxito, aunque aún haya más cantidad de celulares comunes. No olvide que China tiene muchos más usuarios de Internet que el Reino Unido, pero este último cuenta con una inversión online considerablemente superior. Ambos escenarios presentan oportunidades, sin embargo el móvil marketing seguirá creciendo a la par de los smartphones mientras que los celulares comunes irán desapareciendo.

Móvil marketing

La Direct Marketing Association define el móvil marketing como: "el proceso de publicitar campañas a través de un medio móvil" (DMA, http://www.dma.org.uk/content/home.asp). Afirman que el móvil marketing tiene ciertos beneficios únicos: "Siempre está encendido, siempre te acompaña y los mensajes siempre se leen". La penetración de la tecnología móvil en el Reino Unido llegó a alrededor del 90% de la población en 2009, lo que es en verdad excepcional. Esto es así en especial cuando se lo combina con su potencial para seguir creciendo que, como vimos, dejará atrás la navegación tradicional desde la PC.

Reflexione acerca de... Actividad 4

Las ventajas de la telefonía celular, en lo que respecta al rastreo de respuestas y la velocidad para reaccionar ante determinadas circunstancias, la convierten en el medio ideal para quienes se encargan de llevar a cabo un marketing directo. ¿De qué manera reaccionaría su empresa frente a información en tiempo real sobre patrones de compra? ¿Utiliza marketing directo? En el caso de que no lo haga, ¿cómo interactuará con los clientes futuros de una forma directa?

...más iguales permanecen

Existen muchas razones para dejar todo y salir corriendo. Los Casandra (es decir, los economistas) siempre están anunciando desastres; los Ludistas siempre abogan por volver a tiempos más simples (incluso si "simples" implica "preindustriales", en algunos casos) y a los opinólogos les encanta culpar a las empresas (y en particular al marketing) de ser la causa de todos los males (más detalles en el Capítulo 2).

Aún así, los desafíos que nos esperan como *agentes de cambio* son los mismos de siempre. Tenemos que hacer más cosas bien que mal, satisfacer a los clientes sin destruir el planeta (más detalles en Capítulo 9). Para muchas organizaciones el mercado es un lugar difícil, dinámico y altamente competitivo. Cuando se analizan algunas empresas exitosas vale la pena tener en cuenta cuántas de ellas se centran en el cliente y tienen el respaldo de agentes financieros de peso (Virgin y Tesco, por mencionar dos).

En el Capítulo 2 veremos algunos de los argumentos en contra del marketing; sin embargo, primero analizaremos la noción de que el control financiero no es relevante para el marketing. Este disparate forma parte del discurso de los tipos de empresas que no se centran en el cliente. Si está en el mundo del marketing tiene que enfrentarse a esto. Los detractores no escucharán sus razones, y quizá termine sintiéndose como si quisiera lograr algo imposible, pero es una causa justa, como veremos enseguida.

AUSENCIA DE CONTROL FINANCIERO

Si su empresa es capaz de detectar y anticiparse a los deseos de los clientes, podrá avanzar e intentar satisfacerlos. Pero hay que tener en cuenta una complicación que tienen la mayoría de las organizaciones: los recursos limitados, ya sean financieros, de personal, de equipos, etc. Las compañías que no se adaptan ni cambian según los tiempos son aquellas que en el futuro tendrán que luchar para sobrevivir. Por lo tanto, las empresas deben tratar de satisfacer a los clientes de manera eficiente (desperdiciando lo menos posible) y ¡rentable!

Esta puede ser la razón por la cual hay tantos contadores que manejan empresas, sin embargo la perspectiva que estos profesionales tienen no es siempre la mejor para un crecimiento a largo plazo. Es la antigua batalla entre la necesidad de invertir a largo plazo y los costos a corto plazo o el control de activos. Las empresas que tienen una cuota de mercado cada vez más amplia recibieron los beneficios de adoptar un enfoque más orientado al marketing. Seamos claros desde el principio...

"El 'activo' más importante de su organización son los clientes."

Reflexione acerca de... Actividad 5

¿Hasta qué punto sus colegas creen en ello? Pregúnteles lo siguiente:

- ¿Cómo tratamos a nuestros clientes?
- ¿Cómo piensan los clientes que los tratamos?
- ¿Qué se siente ser uno de nuestros clientes?
- ¿Cómo piensan nuestros empleados acerca de cómo debe tratarse a los clientes?

Los contadores y otros involucrados que no se centran en los clientes reconocen esta afirmación como válida. Sin importar si su empresa se dedica a productos o servicios, o si es una obra benéfica, debe ubicar al cliente en el centro de todas las decisiones y planificaciones... no solamente de las de marketing. En un lugar en donde las necesidades de los clientes dirigen todas las decisiones comerciales en verdad se ha adoptado e implementado una filosofía de marketing. Las empresas que lo incorporan a sus prácticas comerciales están orientadas al marketing. Los teléfonos celulares representan una oportunidad para mantener un diálogo regular y sincero con los clientes. Cada vez que recibe un comentario por parte de un cliente, su empresa se vuelve más fuerte (Figura 1.1).

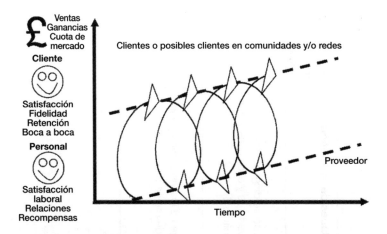

FIGURA 1.1. Flujo de información en una empresa orientada al marketing y beneficios resultantes

ORIENTACIONES COMERCIALES

No todas las organizaciones están orientadas al marketing. De hecho, existen una cantidad de orientaciones comerciales distintas que muchas organizaciones llevan adelante a pesar de estar muy dirigidas hacia lo interno (Tabla 1.1).

Veamos brevemente de qué manera podrían recibir el impacto del uso creciente del comercio móvil.

Orientación a la producción. Si se concentran en su interior, esta clase de empresas quedará más expuesta a los cambios externos (más detalles en el Capítulo 5). A medida que los clientes modifiquen sus patrones de compra –por ejemplo, al usar smartphones–, ¿cómo sabrán dichas organizaciones de qué forma reaccionar?

Orientación al producto. La mayoría de ellas ponen su atención en lo interno bajo su propia responsabilidad porque a los productos puede irles bien al principio, pero ¿qué ocurre si aparecen en el mercado productos o procesos más nuevos,

TAbla 1.1. Atributos de las distintas orientaciones

Orientación	Naturaleza	Motivación para cambiar	Actividades de marketing	Orientado al marketing
Producción	Amontónelos y véndalos barato: gran volumen, poco margen, riesgo, I&D e innovación	*Interna* Liderazgo de acciones por costos	*Sí* A menudo se dirigen a los conservadores y a los escépticos (ver Capítulo 5)	*No*
Producto	Se suma a ideas existentes. Cierta adaptación de la oferta. Volumen medio, a veces altos márgenes	*Interna* Buscan superar productos o servicios internos o externos de la competencia	*Sí* Se dirigen a los visionarios y a los nichos de mercado	*No*

TABLA 1.1. Atributos de las distintas orientaciones (*Continuación*)

Orientación	Naturaleza	Motivación para cambiar	Actividades de marketing	Orientado al marketing
Ventas	"Vendemos lo que producimos." No necesariamente lo primero, ni tampoco lo mejor. Puede tener una gran cuota de mercado	*Interna* Buscan obtener cuotas de la competencia al tener mayor difusión. Transacciones únicas	*Sí* Alto nivel de confianza en la promoción; cierto uso de los medios masivos; otras mediante equipos de ventas. Fuerte desarrollo de marca	*No*
Marketing	"Vendemos lo que nuestros clientes quieren." A menudo terminan siendo líderes del mercado. Buscan innovar con productos y servicios	*Externas* Buscan detectar las necesidades de los clientes que la competencia no satisfaga y brindarles soluciones. Buscan entablar relaciones	*Sí* Alto nivel de confianza en estudios de mercado. Promueve programa de fidelización de clientes. Busca vender ventajas y valor agregado a los clientes	*Sí*

innovadores y competitivos (digamos, que usen celulares para realizar una investigación para el desarrollo de nuevos producto)? Las cosas cambian de un momento a otro. Cuando se lanzó el iPhone, tenía solamente 11 aplicaciones. Después de los primeros tres años contaba con 140.000. ¿Qué sucede si la reacción inicial del cliente hacia el flamante producto es negativa? Las empresas orientadas a los productos ¿estarán mejor posicionadas para reaccionar? Es probable que no.

Orientación a las ventas. En la actualidad, las organizaciones deben tener cuidado si utilizan solamente este enfoque. Se hace hincapié en firmar acuerdos o transacciones y no en entablar relaciones a largo plazo. Los objetivos suelen ser a corto plazo y sin basarse demasiado en la realidad ni en el conocimiento que se obtuvo en el estudio de los clientes. A menudo los directivos arman listas de deseos con cifras y afirman: "Aquí es donde debemos estar", sin evidencias que respalden esos pronósticos –con frecuencia forman parte de un enfoque *ad hoc* para la planificación de marketing (más detalles en el Capítulo 8). El riesgo es que los consumidores pueden usar sus celulares para acceder a las redes sociales en busca de información inmediata, por ejemplo: ingresar a los sitios de comparación de precios al escanear los códigos de barras en los negocios. Puede que esté tan ocupado tratando de cerrar el acuerdo que pierda la oportunidad de responder las consultas.

CONSEJOS PRÁCTICOS

Al colocar al cliente en el centro de toda planificación y toma de decisiones estará mejor posicionado para obtener ventajas fundamentales (ver Figura 1.1).

En pocas palabras, si le ofrece al cliente lo que él desea, volverá varias veces a comprar su producto y, por lo tanto, mejorará su facturación y rentabilidad.

Los clientes satisfechos también suelen contarles a sus amistades, familiares y colegas. Por el contrario, si tienen una mala experiencia, se lo contarán ¡incluso a más personas!

ACTIVIDAD

Evalúe si su empresa está orientada a la producción, al producto, a las ventas o al mercado.

PREGUNTAS

¿Qué pasos puede seguir para construir una filosofía de marketing en la cultura de su organización?

¿Por qué el marketing es responsabilidad de cada uno de los integrantes de la organización?

¿Hasta qué punto el personal es consciente de ello?

¿Cuáles son los beneficios fundamentales que su organización puede lograr si se orienta al marketing?

© GRANICA

CAPÍTULO 2
PERMÍTASE CAMBIAR

Como vimos antes, las empresas que fracasan a menudo suelen atribuirlo a su marketing de mala calidad. Aún hay mucho escepticismo con respecto al marketing. Por lo tanto, en este capítulo se abordan algunos de los mitos relacionados con esta materia y con el modo en que el móvil marketing puede ayudar a su organización.

¿QUÉ SIGNIFICA EL MARKETING PARA USTED?

Tómese un momento para reflexionar acerca de cómo percibe el marketing. ¿Es usted un escéptico?, ¿un optimista?, ¿o le es indiferente? Muchos creen que el marketing es "simplemente publicidad... ¿no?" o "mostrar los productos". Las anteriores son reacciones bastante habituales ya que las tareas de promoción son a menudo la parte más visible de la labor de un equipo de marketing. La idea de que el marketing se encarga de producir en serie productos, regalos y publicidad es un mito que hay que disipar. Lo preocupante es que este tipo de concepciones suelan tenerlas otros compañeros profesionales que deberían estar mejor informados.

Los periodistas que trabajan en publicaciones prestigiosas, como *The Times*, suelen tratar con desdén el tema del marketing e ignorar los beneficios que ellos mismos obtienen gracias al enorme esfuerzo que sus empleadores ponen en el marketing electrónico. News International utiliza comercio móvil, entre otras técnicas de marketing digital, lo que le genera un aumento en las ventas, ganancias con la publicidad, y, en esta época difícil para la prensa gráfica, un trabajo seguro. Con frecuencia recomiendo su sitio móvil (http://timesmobile.mobi/) a mis alumnos porque ilustra a la perfección lo que es el comercio móvil, y cuenta con enlaces para realizar compras y acceder a blogs, sitios de comparación de precios, tweets para usuarios de móviles, etc.

Escepticismo

Hay quienes se preguntan si el móvil marketing puede darle un valor agregado a una empresa. Afirman lo siguiente:

- los tweets (publicaciones en Twitter) no tienen ningún valor;

- las redes sociales distraen a los empleados, que deberían concentrarse en sus tareas;

- el contenido generado por el usuario tiene muchas fallas ya que la mayoría de los usuarios no son expertos.

Estas concepciones erróneas tienen cierto fundamento real. Los tweets son esencialmente efímeros (hoy están, mañana no), pero lo importante no es su duración en sí, sino cómo se usen. Como fuente para realizar investigaciones en tiempo real, están cambiando la manera en que las empresas realizan sus investigaciones (más detalles en el Capítulo 6).

Respecto de la pertinencia del material generado por el usuario, un análisis de Pear Analytics señala que casi el 50% de los tweets son palabrerío sin sentido, lo que indica que la otra mitad no lo es. Seguro que Internet sería una herramienta mucho más útil si solamente la mitad fuera palabrerío. De hecho, la percepción principal del consumidor suele derivar de los comentarios "ligeros" antes que de las estadísticas "duras". En lo que concierne a los expertos, unos pocos economistas predijeron las dificultades económicas antes de las restricciones crediticias y ninguno previó acontecimientos como el colapso de Lehman Brothers.

Ahora bien, cuando figuras respetadas, como el profesor Malcolm McDonald, dijeron que el marketing en el Reino Unido había sufrido un retroceso en la última década, tenemos que hacer silencio y prestar atención. Debemos, más que nunca, adoptar buenas prácticas de marketing y comprender mejor cuáles son los impedimentos para adoptarlas. En parte, esto se debe a los Siete Mitos Magníficos del Marketing a los que se echa mano a menudo, y que son:

1. Un cliente satisfecho es un cliente fiel

Con frecuencia los empresarios confunden satisfacción con lealtad. En algunos casos, la lealtad se reduce a la apatía del consumidor ya que los beneficios de cambiar de proveedor pesan menos que el fastidio de moverse. A menudo, ese es el caso de las bancas personales y de otros servicios. Es necesario preguntar:

> *El ser bueno en sistemas, por ejemplo en Administración Basada en la Relación con los Clientes (CRM, por sus siglas en inglés), ¿suplantó la detección de los pensamientos, sentimientos y preocupaciones de los clientes?*

El profesor Michael Baker dio en el clavo cuando sostuvo que en lugar de promover la CRM deberíamos abocarnos a la CSM (Gestión de la Satisfacción del Cliente, por su sigla en inglés). Es justo decir que lo más probable es que los clientes satisfechos y fieles hagan un buen boca a boca, que estimule y aliente a otros clientes a acercarse a su empresa.

2. Una marca fuerte es invencible

Una marca fuerte está lejos de ser invencible, como se ha podido comprobar una y otra vez. Microsoft es sin dudas una de las más importantes del mundo, y sin embargo sufre ataques por todas partes. Por un lado, está el avance de los softwares de fuente abierta (por ejemplo: Linux, Mozilla, Google Chrome) y de shareware. Por el otro, están los cambios tecnológicos como la computación en la nube, por ejemplo: los procesadores de texto o los adelantos presentados por la generación de celulares 4G, el teléfono de Google que funciona con Android. Fueron capaces de detectar estas amenazas y tienen la fortaleza financiera para diversificar su hardware. Fabricar la Xbox 360 cuesta tres mil millones de dólares y su venta no recupera los costos de investigación y desarrollo. Lo consideran un futuro centro de comunicaciones hogareñas.

3. Una marca de renombre puede tener precios altos

Dell debe ser la empresa más conocida de informática y aún así propone una relación calidad/precio. Asimismo, McDonald's debe ser una de las marcas con más presencia en el mundo, y sin embargo sus precios para nada son de los más altos. Se limitan a que el cliente perciba si los bienes o servicios en cuestión lo valen. Recuerde que tampoco se trata de tener el precio más bajo, como muchos dueños de iPhone que creen que su teléfono tiene la mejor relación calidad/precio del mercado.

4. ¡El cliente es el rey!

El cliente debería ser el rey, pero todos sabemos que eso está lejos de la realidad en muchas organizaciones. Seamos claros:

Los "activos" más importantes de una organización son los clientes, y se los debe ubicar en el centro de toda toma de decisiones y planificación... no solamente de marketing.

Las necesidades de los clientes deben conducir todas las decisiones comerciales, lo que solo se puede alcanzar al entablar un diálogo regular y sincero con ellos. Cada vez que recibe comentarios por parte de los clientes, su empresa se hace más fuerte. Para decirlo en pocas palabras, si le da al cliente todo lo que desea constantemente, lo más probable es que más de una vez vuelva a adquirir sus productos o servicios, y de ese modo mejoren sus ventas, su facturación y su rentabilidad, así como sus esfuerzos para lograr la satisfacción y fidelización de los clientes.

5. Los miembros de los canales de distribución no influyen en el marketing

A menudo los canales de distribución son fundamentales para el éxito de una compañía. En el mejor de los casos, una mala distribución puede ser molesta para los clientes; sin embargo, en el peor de los casos puede acabar con su empresa.

6. La publicidad siempre influye en las ventas

Está lejos de ser cierto... salvo que reconozcamos que algunas campañas publicitarias han hecho que los clientes ¡se alejaran! La publicidad de calidad puede tener un efecto a largo plazo pero ¡no todas las publicidades son buenas! La publicidad móvil está ganando terreno debido a que tiene la propiedad exclusiva de que el dueño del celular la vea. Este, junto con otros cambios tecnológicos, está haciendo estragos en la industria publicitaria.

7. Solo las organizaciones grandes usan marketing

En todo caso, la orientación al marketing es más importante para las pequeñas y medianas empresas (PYMES) a la hora de competir con las multinacionales o empresas globales. Las PYMES no poseen los bajos costos de base o los enormes fondos de inversión que sí tienen las grandes empresas. Donde suelen tener la ventaja es en su capacidad para acercarse mucho más al cliente, formar alianzas fuertes con ellos, hacerlos sentir importantes y tener la capacidad de adaptarse y responder rápidamente a las necesidades cambiantes de los consumidores y a la dinámica del mercado.

Una vez aclarados los siete mitos, es un buen momento para evaluar las herramientas de marketing desde la perspectiva del móvil marketing. Para esto, veremos la mezcla ampliada de marketing.

MEZCLA DE MARKETING ELECTRÓNICA

El objetivo de esta sección no es presentar los aspectos básicos del marketing en sí mismo; si eso es lo que busca, le recomiendo *Develop Your Marketing Skills* (Gosnay, R. y Richardson, N., publicado por Kogan Page). En cambio, en este título se dará un panorama más amplio para que comprenda de qué manera deben cambiar las prácticas de marketing de acuerdo con el comercio móvil. Prefiero usar términos centrados en el cliente para explicar esta mezcla; sin embargo, por el bien de la continuidad he incluido los nombres tradicionales entre paréntesis.

Beneficios para el cliente (también conocido como producto)

Siempre tenga presente que los clientes obtienen un valor agregado a partir de los beneficios que los productos les ofrecen. Un error habitual es simplemente enumerar en el texto de ventas sus características. Eso no es suficiente: debe informar a los clientes ¡de qué modo ellas pueden ayudarlos! El punto de partida para entender cómo los productos pueden ayudar a resolver los problemas de los clientes se refleja en dos factores esenciales, a saber:

- Factores tangibles: pueden verse y/o tocarse, como por ejemplo sus características físicas.

- Factores intangibles: el poder y la fortaleza de la marca, la calidad de los materiales, la atención al cliente, etc. No se pueden ver ni tocar, pero mejoran la "oferta del producto".

Es importante que ambos tipos de factores se complementen en lo que respecta al precio y a la calidad. Identificarlos puede resultar difícil porque el énfasis que ponemos en ellos varía de un producto al otro.

ESTUDIO DE CASO

Un Blackberry Storm (una marca fuerte) probablemente haga más énfasis e invierta más recursos en mantener la integridad de la marca (componente intangible) que, por ejemplo, su equivalente de HTC. La compañía HTC fabrica teléfonos con su propia marca que funcionan con el sistema operativo Android de Google y otros que usan Windows Mobile. El HTC Desire incluye funciones y se lo describe como una imitación del Nexus One, el teléfono de Android que comercializa Google. En el caso de HTC, el énfasis se pone en las funciones del producto en sí (componentes tangibles). La primera iteración del Storm atrajo nuevos clientes, pero pronto recibió muchas críticas en las redes sociales por ser lenta y poco fiable. La practicidad de uso es un componente intangible de la marca. Blackberry reaccionó rápidamente y lanzó una nueva versión; sin embargo, algunos clientes quedaron atados a los planes contratados en las empresas proveedoras y no pudieron librarse. La parte tangible fue abordada con rapidez, pero los factores intangibles dañaron un poco la reputación excelente de Blackberry.

Anatomía de un producto

Además de tener en cuenta los componentes tangibles e intangibles del producto, es necesario considerar cuáles son los aspectos que pueden ocasionar problemas. Cada producto tiene niveles distintos (Figura 2.1), y usted puede utilizar sus comunicaciones móviles para interactuar con el cliente de acuerdo con los diversos niveles. ¿Necesita más retroalimentación sobre el nivel futuro? Si es así, los celulares son perfectos para aunar ideas. Es particularmente útil desglosar los productos de esta manera si usted es un novato en el manejo de ellos o si heredó una cartera de productos y tiene que gestionarla.

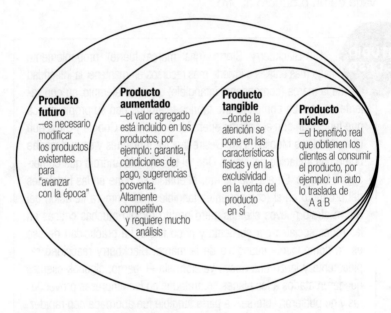

Producto futuro
—es necesario modificar los productos existentes para "avanzar con la época"

Producto aumentado
—el valor agregado está incluido en los productos, por ejemplo: garantía, condiciones de pago, sugerencias posventa. Altamente competitivo y requiere mucho análisis

Producto tangible
—donde la atención se pone en las características físicas y en la exclusividad en la venta del producto en sí

Producto núcleo
—el beneficio real que obtienen los clientes al consumir el producto, por ejemplo: un auto lo traslada de A a B

FIGURA 2.1. Análisis del producto

Ciclo de vida del producto

Los productos atraviesan distintas etapas (Figura 2.2) con algunas excepciones, por ejemplo: Cadbury Dairy Milk ha vendido una enorme cantidad de la misma forma (es decir, con gran madurez) durante más cien años. No hay dudas de que la naturaleza de larga data de la marca contribuyó a la venta de

Cadbury a Kraft. Dicha madurez extendida no es algo frecuente y tampoco es un lujo que puedan ofrecer los fabricantes de celulares, lo cual a su vez afecta a los que crearon servicios en una plataforma de comercio móvil. Por lo tanto, hay que entender de qué modo la vida y la antigüedad de un producto inciden en su negocio y cómo los cambios externos, a su vez, pueden influir en el producto.

El ciclo de vida del producto tiene una serie de limitaciones:

- Es una simplificación excesiva de la vida real de un producto, pues estos no siguen el ciclo de vida genérico (Figura 2.2). Según el estudio de caso anterior, una primera iteración puede tener un recibimiento tibio y quizá deba apresurarse en lanzar una segunda versión al mercado.

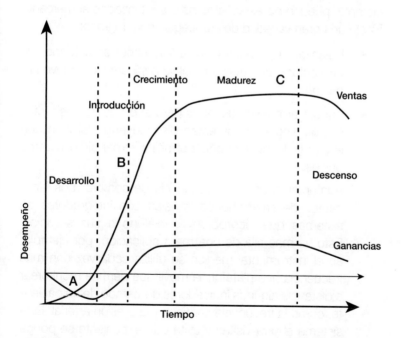

FIGURA 2.2. Ciclo de vida del producto genérico (ver inicio del Capítulo 8)

- Algunos productos tienen ciclos de vida breves por los aportes que la nueva tecnología hace en ellos para actualizarlos, como es el caso de los smartphones.

- No tiene en cuenta los factores ambientales como los micro o macroambientes (ver Capítulo 5).

- No responde a preguntas fundamentales como: "¿se puede permanecer en el mercado con este producto viejo y maximizar las ganancias?", o bien "¿quiere pasar su preciado tiempo y gastar su dinero y otros recursos en productos viejos cuando podría dedicarlos a crear productos más nuevos y competitivos?".

Algunos comerciantes pueden intentar extender la etapa de madurez de la vida del producto debido a que los nuevos, por ejemplo, pueden no estar listos para ser lanzados al mercado. Existe una gran variedad de estrategias para lograrlo:

- Relanzar el producto: quizá levemente actualizado, de otro color o un nuevo embalaje para darle un nuevo impulso.

- Encontrar nuevos usuarios para el producto: las tarifas de roaming en la UE están disminuyendo (si bien con lentitud), lo cual puede permitirle expandirse a otros países.

- Aumentar el uso o la frecuencia de compra. Los fabricantes de smartphones trabajan con integradores de sistemas que incorporan el teléfono a sus servicios. Esto va más allá de una mera aplicación, por ejemplo, en el instrumental médico se utiliza cada vez con más frecuencia una plataforma móvil que permite monitorear a distancia algunos indicadores del estado de un paciente, como la frecuencia cardíaca y la presión arterial. Este sistema ahorra visitas y evita que el paciente se ponga nervioso, ya que proporciona información instantánea.

Una vez más, coménteles a los clientes cuáles son los beneficios que tienen sus productos, dígales de qué manera lo ayudan (ver Actividad 24, Capítulo 8).

En términos generales, el ciclo de vida de muchos productos se está acortando por el constante avance de la tecnología, lo cual subraya la necesidad de entablar buenas relaciones con los clientes (ver Capítulo 8) basadas en una comunicación regular y de buena calidad, ya que un cliente contrariado puede pasar por alto toda una línea de productos. ¡Imagine el impacto que puede tener en el flujo de efectivo del proveedor!

Proceso de adopción del producto

Para ingresar al mercado con un producto nuevo, o incluso con una nueva versión de uno ya existente, es necesario pensar en que se deben recuperar los costos de desarrollo y conseguir un equilibrio lo antes posible. Por lo tanto, hay que entrar el mercado y prestar atención para enseguida captar el interés de la clientela antes de que pueda hacerlo la competencia. Una técnica que puede colaborar con esto proviene de analizar el proceso de adopción del producto.

Este proceso describe de qué manera se puede "adoptar" un producto. En la Figura 2.3 se muestran los distintos tipos de personas que eligen algo en un mercado. Adaptar el proceso comunicativo puede ayudarlo a "difundir" el producto en el mercado lo antes posible. Antes de tomar alguna decisión de compra, los consumidores suelen buscar material en Internet –en especial, cuando se trata de adquisiciones importantes y riesgosas– que donde puedan obtener la información necesaria para elegir la opción más adecuada. Sobre todo, los consumidores suelen recurrir a quienes les den consejos imparciales y creíbles. Por eso usted debe diseñar bien sus comunicaciones de marketing para facilitarles la llegada a las personas influyentes y luego a los compradores.

Entusiastas (2,5%)	Visionarios (13,5%)	Pragmáticos (34%)	Conservadores (34%)	Escépticos (16%)
Suelen a ser jóvenes, profesionales, con buen pasar económico, de mente abierta, y ansiosos por experimentar cosas nuevas. Son líderes de opinión, tienen influencia en la sociedad, son abiertos y no temen afrontar riesgos.	Su perfil se asemeja al de los entusiastas pero no suelen tener la misma reputación social y, por lo tanto, no son tan influyentes.	Un poco mayores que los anteriores y disponen de menores ingresos. Por lo tanto, no son tan influyentes y no tienen la reputación social de los otros.	Por lo general, adoptan productos porque ya tuvieron la aceptación de los demás. Los temas sociales y las circunstancias económicas juegan un papel importante.	La categoría de más edad y la que más se opone a afrontar riesgos. No toman riesgos por naturaleza y se quedan de brazos cruzados mientras los demás adoptan productos. Solo compran cuando sienten que los productos están realmente probados y analizados.

FIGURA 2.3. Curva de adopción de productos o de difusión

Dos importantes factores de influencia son los formadores de opinión y los líderes de opinión.

Formadores y líderes de opinión

Un formador de opinión es alguien en quien los consumidores confían por su educación, profesión o experiencia. Valerse de un experto puede servirle para generar confianza y credibilidad en sus actividades de comunicación y para mejorar el perfil de la marca. Los líderes de opinión no son necesariamente expertos, en vez de eso son personas a las que los consumidores escuchan por su reputación social, su cercanía o su credibilidad general.

El proceso de adopción de un producto es un modelo útil para ilustrar de qué manera los consumidores se dejan influenciar por los demás. Los distintos tipos de "adoptadores" no están distribuidos de manera uniforme en la sociedad. Puede adaptar sus comunicaciones móviles para que los comentarios de los *entusiastas* influyan en los *visionarios,* quienes, a su vez, ejerzan su influencia sobre los *pragmáticos*. Los visionarios y los entusiastas pueden convertirse en formadores de opinión, por lo tanto, debe utilizar las comunicaciones móviles para ver cómo reaccionan ante los nuevos productos. Por otro lado, los visionarios también pueden ser líderes de opinión cuya credibilidad puede servirle para difundir su mensaje a través de redes y comunidades. Utilizar las comunicaciones móviles junto con los formadores y líderes de opinión es algo que puede lograrse enseguida y ayudar a generar más confianza y más rápido que sin ellos.

¿Por qué crear nuevos productos?

¡Seamos honestos! Gran parte del fracaso de la conferencia sobre el cambio climático que tuvo lugar en 2009 en Copenhague se debió a la falta de comprensión de cómo piensan los consumidores. El genio del consumismo salió de la lámpara, y ya no se puede volver atrás. Los consumidores no están preparados ni quieren hacer los cambios necesarios que nos conduzcan a los niveles preindustriales de contaminación o de desechos indeseables como el dióxido de carbono (CO_2). Además, las necesidades de los clientes y de la sociedad en general sufren modificaciones constantes, y eso se necesitan nuevos artículos.

Si los productos no son simplemente juguetes de los ricos y se filtran en todas las sociedades, deben ser mejores, más baratos y más ecológicos. Los avances tecnológicos tienen un largo camino por delante hasta resolver muchos de los asuntos que nos preocupan a todos (incluso el calentamiento global), sin embargo, tiene que haber un cambio y deben reemplazarse los productos viejos y menos eficientes por sus equivalentes nuevos y sustentables, ya sean autos, calderas de condensación o celulares.

Recuerde cómo eran los primeros teléfonos celulares que se lanzaron al mercado y cuánto costaban. ¡Tenían el peso y el tamaño de un ladrillo! Los avances tecnológicos ocurridos a lo largo de veinte años modificaron el tamaño, el peso, el diseño y el uso de la tecnología móvil. Si las empresas aún fabricaran y produjeran en serie los mismos artículos de los 80 en la actualidad, no sobrevivirían.

El proceso de desarrollo de nuevos productos

El desarrollo y lanzamiento de nuevos productos puede hacer que las organizaciones tengan historias llenas de éxito y generar una verdadera sensación de triunfo en aquellos que participaron en su concepción y desarrollo. Los nuevos productos a los que les va bien pueden:

- mejorar la reputación de una empresa y su permanencia en el mercado;

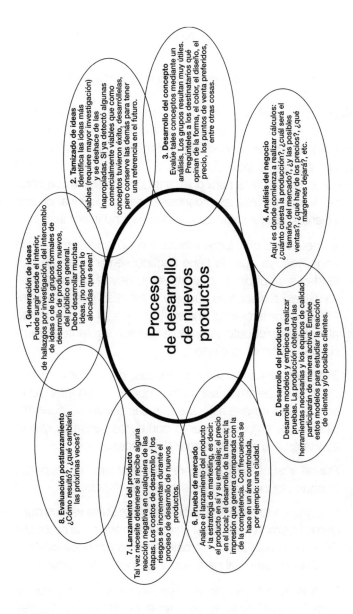

FIGURA 2.4 Proceso de desarrollo de nuevos productos

1. Generación de ideas
Puede surgir desde el interior, de hallazgos por investigación, del intercambio de ideas o de los grupos formales de desarrollo de productos nuevos, del público en general. Debe desarrollar muchas ideas, ¡no importa lo alocadas que sean!

2. Tamizado de ideas
Identifica las ideas más viables (requiere mayor investigación) y se deshace de las inapropiadas. Si ya detectó algunas comercialmente viables que como conceptos tuvieron éxito, desarróllelas, pero conserve las demás para tener una referencia en el futuro.

3. Desarrollo del concepto
Evalúe tales conceptos mediante un análisis. Los grupos resultan muy útiles. Pregúnteles a los destinatarios qué opinan de la forma, el color, el diseño, el precio, los puntos de venta preferidos, entre otras cosas.

4. Análisis del negocio
Aquí es donde comienza a realizar cálculos: ¿cuánto cuesta la producción?, ¿cuál será el tamaño del mercado?, ¿y las posibles ventas?, ¿qué hay de los precios?, ¿qué márgenes dejará?, etc.

Proceso de desarrollo de nuevos productos

5. Desarrollo del producto
Desarrolle modelos y emplece a realizar pruebas. La producción obtendrá las herramientas necesarias y los equipos de calidad participarán de manera activa. Emplee estos modelos para estudiar la reacción de clientes y/o posibles clientes.

6. Prueba de mercado
Analice el lanzamiento del producto y la estrategia de marketing, es decir: el producto en sí y su embalaje; el precio en el local; el desarrollo de la marca; la impresión que genera comparada con la de la competencia. Con frecuencia se hace en un área controlada, por ejemplo: una ciudad.

7. Lanzamiento del producto
Tal vez necesite detenerse si recibe alguna reacción negativa en cualquiera de las etapas. Los costos de desarrollo y los riesgos se incrementan durante el proceso de desarrollo de nuevos productos.

8. Evaluación postlanzamiento
¿Cómo resultó?, ¿qué cambiaría las próximas veces?

- hacer que la marca se vuelva importante;

- aumentar la facturación, las ganancias y la cuota de mercado;

- satisfacer mejor al cliente y construir lazos de fidelidad.

Crear nuevos productos conlleva ciertos riesgos, por eso las organizaciones adoptan un enfoque sistemático para reducir la cantidad de errores denominado "Proceso de desarrollo de nuevos productos" (Figura 2.4).

Este proceso se utiliza para guiar a todo el personal que participa en él, lo que en algunas organizaciones puede variar de uno o dos a cientos. Existen algunas cuestiones fundamentales:

- Es necesario que tome medidas si obtiene comentarios negativos, ya que no tiene sentido seguir adelante con la idea si al público no le interesa. Revise qué está mal y vuélvalo a diseñar, o cancele el proceso por completo. Muchos comerciantes suelen equivocarse en este punto al forzar el producto y llevarlo a la etapa siguiente creyendo que están en lo cierto.

- Evite presiones rituales o históricas, como decir: "siempre nos manejamos así" (refrán que vive con intensidad en muchas empresas). Si sus ideas tienen un buen recibimiento, entonces cuenta con datos sensatos que lo ayudarán a la hora de tomar decisiones.

- Puede resultar difícil detener el proceso, en especial cuando algunos conceptos cobraron impulso.

- Los grupos focales son especialmente útiles ya que pueden empezar a tocar, usar y sentir el modelo del producto físico en cuestión. La retroalimentación con los clientes resulta fundamental para lanzar con éxito el producto.

- Lo que está haciendo es usar un mercado de prueba para "evaluar" toda su estrategia de marketing. Representa una red de seguridad: si los resultados de la evaluación son negativos en algún punto, le da tiempo a abordar los problemas antes de lanzar el producto por completo.

- Realizar un mercado de prueba es un muy buen sistema de seguridad antes del lanzamiento total, la contracara es si la competencia llegara a descubrir dónde está haciendo la prueba; de ese modo, podría provocarle inconvenientes y también echarle un buen vistazo al producto en cuestión.

- Aún faltan muchos temas por considerar... y habilidades que tener. Una vez más, quizá quiera buscar el apoyo de terceros en varias etapas del proceso de desarrollo de nuevos productos.

- Puede llevarle semanas, meses y, en algunos casos, años, y aún así el ambiente, el mercado y los clientes evolucionan constantemente.

¿Celulares tradicionales o smartphones?

Seamos claros: cualquier producto en el que esté pensando, planificando o desarrollando debe poder funcionar para smartphones. Este tipo de celulares generarán un crecimiento en los servicios de Internet móvil. Es una cuestión de tiempo para que los únicos aparatos disponibles en las cadenas minoristas más importantes sean los smartphones. Recuerde: la era de las videocaseteras (VCR) y los tubos de rayos catódicos (TRC) llegó a su fin cuando los grandes minoristas decidieron dejar de venderlos.

A medida que los celulares convencionales se abarataban, los comercios se volcaban cada vez más hacia la venta de los aparatos inteligentes. Los proveedores de servicio cada vez se centran más en los smartphones cuyos consumidores estén dispuestos a adherirse a planes de mayor duración que los que solían tener con los equipos convencionales. A una cantidad alarmante de nuevos productos no les va bien luego de que se los lanza. No lo olvide: todos los años ingresan al mercado cientos de miles de productos, pero la mayoría fracasa por las siguientes razones:

- no recuperan la inversión inicial en investigación porque, con frecuencia, eso demanda mucho tiempo, gran cantidad de recursos y es oneroso;

- las PYMES dependen demasiado de su instinto y del conocimiento que poseen;

- deficiente recopilación y análisis de datos;

- pronósticos y proyecciones de ventas inexactos, en especial al ingresar en nuevos mercados;

- la gerencia adopta un enfoque *ad hoc* para la planificación de marketing en general (ver Capítulo 10) y para el proceso de desarrollo de nuevos productos en particular;

- no se lanzan los productos... se escapan junto con la comunicación, que también fracasó.

La aparición de la web 2.0 hizo que las empresas estuvieran cada vez más unidas y trabajaran para crear nuevos productos. Esto se ha basado en las comunicaciones compartidas, lo que algunos denominan "wikinomics". Empresas como Procter & Gamble, Oracle y Cisco desean obtener comentarios de los usuarios sobre productos e ideas para crear nuevos artículos. Con cada vez más frecuencia utilizan la plataforma móvil para entablar el diálogo. La I-zone de Cisco (Reino Unido) alienta a los empleados a que colaboren con las ideas que les surjan, e incluso recompensa a quienes no formen parte de la cúpula directiva con un premio denominado I-Prize por los aportes realizados. A menudo, cuando los involucrados no pueden encontrar soluciones, una perspectiva externa puede sortear los obstáculos.

Comodidad para el cliente (también conocido como *lugar* o *distribución*)

El papel y la importancia del "lugar" cada vez son más importantes en los últimos años por muchas y diferentes razones. Se invierten grandes montos para transportar los productos al lugar correcto en el momento indicado. Si los costos son elevados, quiere decir que ¡siempre habrá posibilidades de ahorrar! Si su empresa realiza los envíos de los pedidos, trate de descubrir cuánto le cuesta mandarlos desde un lugar A hasta uno B. Lo anterior es particularmente importante cuando los productos se traen desde el exterior. Si adquiere espacio en buques portacontenedores, carros, trenes o el medio de transporte que fuere, tendrá sus costos financieros y logísticos inevitables.

Cuando la distribución es un fracaso, puede resultar costosa de muchas maneras, además de que lo sea en el plano económico. Los consumidores necesitan mantenerse informados (es decir, usted debe manejar sus expectativas) y las comunicaciones móviles representan la plataforma ideal para rastrear los bienes. Si trabaja con empresas de logística tercerizadas, quizá le ofrezcan aplicaciones para iPhone (por ejemplo: UPS) que pueden serle útiles para manejarse con los clientes. Debe ser algo sencillo para los clientes; no emplee contraseñas ni procedimientos complicados. Cerciórese de poder cumplir en las épocas de mayor demanda, imagine qué sucedería si el sitio móvil dejara de funcionar en vísperas de Navidad.

Verá cómo una mala distribución realmente puede afectar a la satisfacción del cliente. Analicemos el impacto que tienen los canales de marketing en la distribución.

Canales de marketing

Básicamente, un canal de marketing es el medio por el cual los productos llegan a los clientes; existen diversas maneras de llevarlo a cabo. Por lo tanto, el diseño del canal es importante, y es necesario saber:

1. ¿Qué alcance tendrá?
2. ¿Quiere distribuir el producto directamente al consumidor o prefiere hacerlo de manera indirecta?

La distribución directa se incrementó por el uso de nuevas tecnologías hasta el punto de que hoy en día una enorme cantidad de organizaciones venden directamente. Un ejemplo de esto son los músicos que hacen sus propias grabaciones, evitan los canales minoristas y comercializan sus productos sin intermediarios (a modo de ejemplo, ver: http://ukuleleorchestra. com/main/home.aspx).

Estos canales de "nivel cero" cada vez tienen más éxito porque no participan otras empresas en la entrega del producto. Cuanto más cerca esté del cliente, más probabilidades tendrá de entablar una relación con él, de recibir comentarios oportunos y quizá, más que nada, de controlar cómo llegan los productos a sus manos y monitorear por completo la estrategia de marketing.

En los canales de "nivel uno", los intermediarios (es decir, minoristas, mayoristas, agentes y franquiciados) envían el producto al cliente mediante el canal. Para llegar a cierto tipo de consumidores, cuentan con una red de puntos de venta establecidos. Trabaje con ellos a fin de detectar oportunidades para incorporar las comunicaciones móviles de ambos, y difundir la información de marca de cada uno en los mensajes.

La comodidad también es un factor importante: si su empresa no se dedica principalmente a las ventas minoristas –por ejemplo, si trabaja para una industria–, ¡déjelo en manos de los expertos! Encárguese de lo que mejor sabe hacer; utilice su cúmulo de conocimientos, capacidades y recursos para respaldar sus aptitudes. Cuanto más grande sea el canal, más lejos estará del destinatario final.

Acceder a una realimentación inmediata del mercado no es algo sencillo. En lugar de obligar a los clientes a que devuelvan los productos a los intermediarios sin previo aviso, aliéntelos a que le cuenten los detalles de lo ocurrido mediante un mensaje de texto. Quizá, de todos modos, devuelvan el producto al minorista y adjunten una queja, pero usted podrá informarle a su asociado cuál fue el problema. Es una oportunidad para mejorar sus comunicaciones con ambas partes.

Si decide emplear un enfoque indirecto para la distribución (a través intermediarios), siempre resulta útil entablar una relación sólida con ellos y determinar quién se encarga de qué. Con esto se asegurará de que el canal funcione bien, ya que los conflictos internos del canal entre los intermediarios pueden derivar en grandes problemas.

Relación calidad-precio o costo para el cliente (también conocido como *precio*)

Establecer un precio suele ser complicado, porque debe considerar y equilibrar distintos factores. Colocar el precio adecuado es importante pues:

- crea ganancias directas;

- tiene un gran valor estratégico y será supervisado de cerca por la alta dirección;

- conecta a los clientes con los proveedores;

- transmite una señal sobre calidad y exclusividad a los clientes y los mercados.

Si lo hace bien, logrará tener un producto o servicio exitoso; si lo hace mal, quizá no pueda recuperar la inversión inicial, generar ingresos, satisfacer a los clientes ni competir de manera efectiva.

Comercio móvil y precios

Al crear productos, se incurre en gastos, y el primer requisito de (la mayoría de) las decisiones relacionadas con los precios es cubrir los costos. Debe saber si su oferta es buena cuando la compara con lo que ofrece la competencia. ¿Puede cobrar más caro? Es necesario que sepa cuánto están dispuestos a pagar los clientes y qué esperan del servicio por ese precio.

Los celulares se utilizan como formas de pago cada vez con más frecuencia. El proveedor de pago internacional Paysafecard se asoció con BT para permitir que los usuarios de celulares adquieran productos y servicios online y que el pago se realice en el momento de cancelar la factura telefónica. Si esta forma de pago les resulta cómoda a los clientes actuales y futuros, puede incorporarla a los mensajes y procesos de comunicación habituales.

En donde existen pocas diferencias entre los consumidores de productos, están utilizándose cada vez más aplicaciones para smartphones que comparan precios. Google creó Red Laser (una aplicación que escanea códigos de barra y que permite que los usuarios exploren la red en su totalidad y accedan a informes) mientras que Shop Savvy es una aplicación para Android. Al analizar toda la web, estos sitios pueden dirigir a los consumidores hacia proveedores poco recomendables. Como la seguridad tiene cada vez más preponderancia, es necesario que se cerciore de que su sitio sea reconocido como seguro y exhiba el símbolo del candado. Siempre aliente a los potenciales clientes a que se contacten con su empresa antes de comprar ya que mediante este paso podrá apartarlos de proveedores deshonestos. Algunos sitios (por ejemplo: www.trustpilot.co.uk) incluyen comentarios junto con las calificaciones.

Vales y devoluciones de efectivo

Cada vez más a menudo los consumidores buscan descuentos online y proveedores de vales, como por ejemplo: myvouchercodes.co.uk. En estos sitios se ofrecen códigos de promoción solo para proveedores online. Las ofertas suelen ser específicas para negocios, no necesariamente son las más baratas y, por lo general, tienen un tiempo de vigencia estipulado. Debe cerciorarse de que los posibles clientes y los que suelen elegirlo sepan exactamente qué se ofrece ya que los precios de la competencia pueden ser menores, a pesar de que usted ofrezca una mejor relación calidad/precio.

Además, los consumidores complementan los vales con convenios de devolución de efectivo en sitios como www.quidco.com y www.topcashback.co.uk, en donde se efectúan ventas a negocios online asociados. Las cantidades recobradas varían, como también el tiempo que transcurre antes de que se realice el pago (en algunos casos, pueden ser meses). Por eso, una vez más, cerciórese de que la oferta esté bien descripta para no quedar atrapado en el oleaje de los programas de devolución de efectivo que terminan mal. Asegúrese de que los clientes no estén comparando peras con manzanas.

> Los usuarios de smartphones suelen integrar comunidades en donde se brindan consejos a los miembros y a los clientes, www.hotukdeals.com es uno de los lugares en donde se pueden encontrar las "mejores" ofertas, según recomendaciones reales actualizadas e imparciales. Al menos parecen más imparciales que otras.

En el mercado B2B (de empresa a empresa, por sus siglas en inglés), la situación es algo diferente porque se tiende a entablar una relación más estrecha con el cliente y, por lo general, hay menos de ellos. Establecer el precio correcto desde un primer momento es importante, para hacerlo emplee los datos de la investigación que llevó a cabo para respaldar sus decisiones. No obstante, como siempre, tener tiempo, los recursos y las aptitudes para hacerlo depende de la naturaleza de su organización, del mercado y del ambiente en el que se trabaje. Los precios, aunque en especial se utilizan para generar las ganancias necesarias, pueden usarse de manera táctica y estratégica para ingresar a mercados y poner barreras que impidan el ingreso de los demás... así que sépalos aprovechar.

ESTUDIO DE CASO

El iPhone de Apple (el cual no solo es una maravilla de la tecnología, sino también un objeto muy bello) se lanzó en el Reino Unido de manera exclusiva mediante O_2. Tenía un precio de lista de alrededor de £ 240, pero no se podían adquirir con planes prepagos: los usuarios tenían que contratar planes de 18 meses de duración de hasta £ 35 mensuales. O_2 no era el fabricante, sino que simplemente se ocupaba de comercializar el servicio. Dicho servicio se benefició de un lanzamiento exitoso que tuvo una gran demanda gracias a la eficacia de las campañas publicitarias. Algunos observadores criticaron el costo total (el del celular más el del plan contratado), pero uno debe preguntarse: ¿qué debe tener un producto o servicio para llevarnos a hacer una cola toda la noche para conseguirlo? Es complicado criticar a los consumidores que están tan motivados para comprar productos nuevos; es muy extraño.

Proceso

Las redes sociales e interactivas redujeron el poder de la publicidad debido a que los usuarios aplican cada vez más "filtros" en estos medios a través de las redes y comunidades a las que pertenecen. Si desea identificar y cambiar la conducta de compra que presentan, debe empezar a investigar mediante una plataforma móvil. Esto le permitirá formular preguntas a personas reales en tiempo real, lo que, aunque resulte beneficioso, exigirá que realice cambios en los procesos.

ESTUDIO DE CASO

Se cree que para lo que más se usa la web 2.0 es para realizar búsquedas, y eso se está acrecentando gracias a las aplicaciones móviles. Twitter reconoció la importancia de las "búsquedas" cuando en 2008 adquirió Summize, el cual se emplea para buscar conversaciones online y para aprovechar el conocimiento colectivo de los usuarios de la web. Implicaría que los usuarios publiquen preguntas que serán contestadas por otros twitteros en una evolución del modelo de "Respuestas" promovido Yahoo! y que adoptaron la mayoría de los otros portales biográficos.

Los aspectos operativos y los sistemas son importantes pero no a expensas de desatender a los clientes. Para los minoristas, EPOS y RFID (ver Glosario) son elementos visibles del sistema de procesos, mientras que los sistemas de reservas de hoteles o de entradas para conciertos representan elementos que están detrás de la escena. Todos cuentan con enormes bases de datos; no obstante, el enfoque de gestión de satisfacción del cliente de Michael Baker es inmensamente preferible a la administración basada en la mera relación con los clientes. Co-op desarrolló aplicaciones que escanean códigos de barras y los envían al celular del cliente (encontrará más sobre nuevos desarrollos en el Capítulo 10). Si el cliente tiene deseos de comprar algún artículo, simplemente le muestra el celular al cajero. Antes de realizar el pago (mediante tarjeta de crédito) se le pregunta al cliente cómo le resultó la experiencia.

Presencia (también conocida como *evidencia física*)

Tradicionalmente, en la mezcla ampliada de marketing se utilizaba la frase "evidencia física"; sin embargo, resulta incorrecta cuando se tiene en cuenta la naturaleza virtual del comercio móvil. Ahora bien, todos los anteriores elementos de la mezcla deben ayudarlo a tener una presencia. Una de las manifestaciones más evidentes es la forma en que presenta su empresa en un sitio web.

Diseño web para comunicaciones móviles

A pesar de la publicidad que rodea al canal del móvil marketing emergente, es necesario realizar mejoras antes de que alcance su potencial. Sucesos recientes (por ejemplo: el hecho de que Vodaphone haya quitado las tarifas de roaming en Europa) significa que los altos cargos de Internet móvil están disminuyendo. Pese al crecimiento sustancial del mercado del comercio móvil, los usuarios de celulares suelen hacer grandes esfuerzos para poder navegar y efectuar sus compras a través de Internet.

Si quiere satisfacer a los clientes móviles debe asegurarse de que su sitio sea sencillo de usar con la plataforma móvil. Es por el bien de su negocio que debería crear una versión ".mobi" de su sitio web. Haga que los usuarios de smartphones tengan una mejor experiencia y que les resulte sencillo comprar desde su sitio. Las empresas exitosas logran que a los clientes les resulte fácil gastar dinero en ellas. Por lo tanto, su sitio será más eficiente *y también* sus comunicaciones de marketing serán más efectivas cuando los usuarios puedan comprar sin tener que esperar a conectarse desde el ordenador. ¡Quién sabe cuándo será el día que suceda eso! Recuerde que la mayoría de los usuarios tienen sus celulares al alcance de la mano las 24 horas del día, mientras que el tiempo que pasan en la computadora es considerablemente menor.

ESTUDIO DE CASO A la cabeza del diseño web para el mercado móvil. está eBay. Hasta recibió premios por la funcionalidad, elementalidad, facilidad de uso de su sitio. El sitio móvil fue lanzado en 2006 y luego se desarrollaron aplicaciones para el mercado de smartphones, tales como el iPhone y el Google G1. En 2009, facturaron 500 millones de dólares con los celulares y, al estar liderando este tipo de marketing, eBay debería beneficiarse con el crecimiento de la navegación, gracias al aumento sustancial de la banda ancha móvil.

Comunicaciones (también conocida como *promoción*)

Entender de qué manera funcionan las comunicaciones de marketing es más complejo de lo que la mayoría se imagina. Tradicionalmente se empleó el título "promoción", sin embargo, puede ser engañoso, por lo que se prefiere la denominación de "comunicaciones" o "comunicaciones de marketing", que cada vez más forman parte de nuestra vida cotidiana. Por ello, en el siguiente capítulo se hace hincapié sobre este aspecto fundamental de la mezcla de marketing.

Personas

Es la última parte de esta sección, pero no la menos importante (que veremos más en detalle). Para ser concisos: ¡las personas son los principales activos con los que cuenta! Uno de los motivos más importantes de conflicto es la falta de comunicación y la poca disposición a ponerse en el lugar del otro. Por eso, defina con claridad los roles, la terminología y las relaciones lo antes posible, ya sean internas o externas. A la hora de establecer precios quizá deba trabajar junto a la cúpula directiva para crear un margen de ganancia que concuerde con los objetivos de la organización. Podría hacerse sobre la base de los requisitos de cada producto en particular o que el equipo intente lograr un margen determinado para una línea de productos, o basado en las experiencias pasadas, etc.

La capacitación es algo fundamental, y se debe prestar particular atención al personal que se contrate ya que con empleados motivados todo es más fácil. Armstrong (2009) señala que los empleados necesitan estar motivados para que puedan modificar sus conductas, y que es un error suponer que un mismo tipo de motivación les sirve a todos por igual. ¡Sabias palabras! Veremos con más detenimiento de qué manera utilizar las comunicaciones móviles con su personal en los Capítulos 3 y 8.

CONSEJOS PRÁCTICOS

 El marketing, aplicado de forma correcta, se convierte en una manera de hacer negocios que debe difundirse por toda la empresa.

 Es responsabilidad de todos, no solamente de quienes trabajan en el área de marketing. Cada uno es responsable de cómo se trata al cliente.

ACTIVIDAD

Cerciórese de ver la mezcla de marketing con ojos de cliente. Es una de las formas más efectivas. Échele un vistazo a los sitios mencionados a continuación y fíjese cómo pueden serle útiles (o cómo aprender de ellos) para que su mezcla mejore:

skweezer.com: muestra cómo hacer para que los sitios web funcionen en versiones móviles.

m.netvibes.com: le permite armar una página de inicio personalizada a partir de noticias y comentarios.

m.brightside.com: combina redes sociales e información local.

popurls.mobi: muestra qué mira cada uno.

mobile.qype.co.uk: propone examinar bienes y servicios de todo el Reino Unido.

PREGUNTA

¿Respalda cada una de las decisiones comerciales o utiliza alguna de las "herramientas" de la mezcla de acuerdo con la pregunta: "¿Cómo ayuda esto a nuestros clientes"?

CAPÍTULO 3
COMUNIQUE ACTIVAMENTE

COMUNICACIONES DE MARKETING

A medida que la tecnología se vuelve cada vez más sofisticada, también lo hacen los clientes, por eso es necesario que comprenda de qué forma les llega el mensaje a los destinatarios. Para ello, primero deberá tener en cuenta cómo funciona la comunicación en un nivel elemental (Figura 3.1).

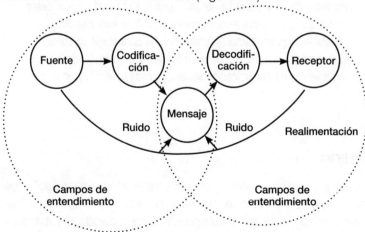

FIGURA 3.1. Modelo lineal de comunicaciones. Basado en Schramm (1955) y Shannon y Weaver (1962), según cita Fill (2009, pág. 42)

Recuerde que la comunicación es un proceso continuo. A medida que cambian los destinatarios (también llamados receptores), deben hacerlo sus actividades de marketing. Sus mensajes tienen que actualizarse con frecuencia y debe cerciorarse de estar utilizando el mejor canal.

El canal es el medio a través del cual el mensaje llega al receptor. Debe considerar detenidamente el contenido de sus comunicaciones de marketing y los medios utilizados para comunicar los mensajes. Usar una plataforma móvil puede ser muy rentable en cuanto a promoción de ventas, a la publicidad, etc., y en épocas de incertidumbre económica, los medios digitales pueden resultar muy ventajosos.

Comunique activamente... Actividad 6

Haga una investigación para identificar el estilo de vida de sus destinatarios (receptores). Si realmente comprende la naturaleza y los hábitos del receptor, podrá "codificar" los mensajes. Codificar significa cubrir el mensaje con signos, símbolos y un tipo de lenguaje que les facilite la comprensión de lo que se quiere comunicar. ¿Determinó los objetivos del mensaje? Si está armando sus comunicaciones móviles alrededor de un producto o servicio, ¿cuál es el beneficio que desea transmitir?, ¿qué representa su marca?, ¿cuánto está dispuesto a gastar? Estos son factores fundamentales para elegir un canal. ¿Son buenas las comunicaciones móviles de la competencia?, ¿qué herramientas de comunicación utilizan?, ¿cada cuánto?, ¿les va bien?

Ruido

Al crear o enviar un mensaje debe estar atento al "ruido", que son esos elementos que interfieren en el proceso de comunicación básico y distraen al receptor. Estamos siendo bombardeados con información a través de mensajes de marketing y simplemente no podemos recordar todo lo que vemos o nos dicen.

Necesita ser realista y comprender la naturaleza del ruido para crear comunicaciones móviles que puedan sortear el desorden y que se conviertan en la información clave que los receptores noten, recuerden y ante la cual reaccionen.

Cuando cree un "mensaje", siempre debe ser capaz de monitorear, controlar y revisar si la comunicación ha funcionado. Es algo más que un simple retorno sobre la inversión (ROI, por sus siglas en inglés). Puede que tenga que invertir mucho tiempo y dinero en sus actividades de comunicación, así que es necesario que sepa si son efectivas o no. Si lo son... ¿por qué?, ¿qué se puede rescatar de ese éxito? Y si no lo son... ¿por qué?, ¿no quedó claro el mensaje?, ¿se debe al canal que se utilizó?, ¿el responsable fue el ruido?, ¿la codificación es incorrecta? Debe detectar rápido si la comunicación no está funcionando para poder corregir los errores que hubiere.

Cuando las comunicaciones de marketing fallan se desperdician tiempo, dinero y recursos preciosos. Además, el nombre comercial y el valor de marca, por no mencionar la reputación de la empresa, pueden verse afectados de forma negativa. Con las actividades de comunicación de marketing los errores quedan expuestos a los ojos de todos... los receptores deseados, la competencia y... la prensa.

Las redes sociales le brindan la posibilidad de comunicarse con distintos públicos a gran escala. Muchos consumidores de corta edad acceden a estos sitios a diario, lo que lo convierte en un medio de contacto valioso para su empresa ya que el público siempre está sediento de información. Facebook también permite crear páginas en donde pueden colaborar aquellos que participan en su microambiente (ver Capítulo 5) al compartir las buenas prácticas y las noticias. Aunque hay que reconocer que las redes sociales son una puerta de acceso al reacio público joven, es evidente que las utilizan personas de todo tipo debido a que cambia la naturaleza y el lenguaje de un sitio a otro. En otras palabras, debe adecuar su forma de expresarse a sus destinatarios, de lo contrario, el mensaje se perderá entre el ruido.

LA MEZCLA DE COMUNICACIÓN

El contenido generado por el usuario de la web 2.0 hizo que los conocimientos y prácticas de las empresas no sean necesarios. Hacia 2009, YouTube publicaba 15 horas de contenido publicado por minuto. Esto no es un mero crecimiento, es una explosión de contenidos que refleja los grandes cambios micro y macroambientales (se verá en el Capítulo 5) y/o cambios en los valores de los consumidores, como el aumento de las campañas éticas o ecológicas.

Las empresas ya no pueden percibir a los usuarios y clientes de la misma manera. Surgieron nuevas oportunidades, por ejemplo, el mercado de aplicaciones para el iPhone de Apple, que a su vez llevaron a un nuevo crecimiento del mercado. Se redefinieron los sectores de mercado, ya que las empresas querían detectar y dirigirse a nuevos segmentos. Quienes llegaban al cada vez más amplio mercado contaban con una mayor libertad, eran más innovadores, y habían abandonado a muchas empresas de renombre que no adoptaron las flamantes herramientas de comunicación de la web 2.0, como ser redes sociales, blogs, etc.

Estas herramientas se complementan con las tradicionales y constituyen la mezcla ampliada de comunicación (ver Figura 3.2).

La comunicación no se termina con la mezcla ampliada de comunicación porque las nuevas tecnologías están generando constantemente otras técnicas comunicativas. Resulta irónico que la manera más antigua (el boca a boca) sea considerada por muchos profesionales como el método de comunicación más poderoso. Una nueva versión es el boca a boca digital, quel tiene mucho éxito en las redes sociales, blogs y otros medios sociales. Si está dispuesto a pagar una tarifa, el boca a boca digital puede ser analizado mediante WOMMA (http://www.womma.org).

El boca a boca digital es considerado la ventaja clave de las aplicaciones de voz de la plataforma móvil. Se presume

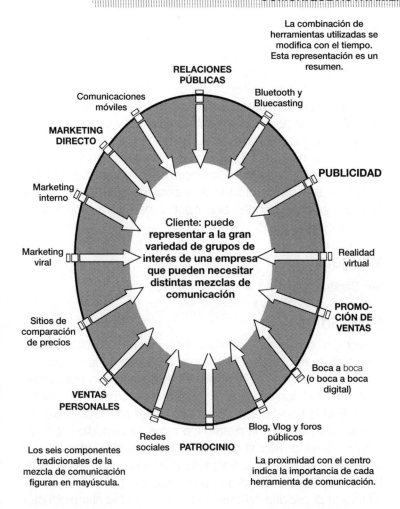

La combinación de herramientas utilizadas se modifica con el tiempo. Esta representación es un resumen.

RELACIONES PÚBLICAS

Comunicaciones móviles

MARKETING DIRECTO

Bluetooth y Bluecasting

PUBLICIDAD

Marketing interno

Marketing viral

Cliente: puede representar a la gran variedad de grupos de interés de una empresa que pueden necesitar distintas mezclas de comunicación

Realidad virtual

Sitios de comparación de precios

PROMO-CIÓN DE VENTAS

VENTAS PERSONALES

Boca a boca (o boca a boca digital)

Redes sociales PATROCINIO

Blog, Vlog y foros públicos

Los seis componentes tradicionales de la mezcla de comunicación figuran en mayúscula.

La proximidad con el centro indica la importancia de cada herramienta de comunicación.

FIGURA 3.2 Mezcla ampliada de comunicación

que luego de la lectura de este libro, usted debería estar en condiciones de hacer todo lo posible para generar un boca a boca positivo.

Veamos algunas de las herramientas de la web 2.0 que mejor se adaptan al móvil marketing.

Aplicaciones (también llamadas *apps*)

No tenga dudas de que las aplicaciones son una forma de conectarse con su público objetivo. Apple ofrece 150.000, y, en unos 18 meses (a principios de 2010) los propietarios de iPhone y iPod descargaron más de tres mil millones. El entusiasmo por las aplicaciones está creciendo y los proveedores tienen cada vez más demanda. Se encuentran disponibles en 77 países e incluyen 20 categorías, una de las cuales es "negocios". Pueden diseñarse especialmente para su empresa o incluir detalles de los productos o servicios que usted ofrezca. Las aplicaciones brindan una oportunidad para promocionar sus bienes y servicios.

Widgets

Ver Capítulo 10.

Publicidad

La compra de Quattro Wireless, empresa de publicidad móvil, por parte de Apple por 275 millones de dólares, y la adquisición de AdMob por Google (750 millones de dólares) son indicadores de la seriedad con la que estos gigantes se toman la publicidad móvil. Puede beneficiarse con el uso de los anuncios, pero deben ser adaptados a la plataforma móvil. Un estudio sobre los consumidores de Kit Kat descubrió que las publicidades móviles incrementaron el conocimiento de la marca hasta en un 36%. Una forma de publicidad que tiene mayor impacto que las demás es la publicidad *"in-skin"*.[1] En efecto, rodea al reproductor de multimedia de quien publica y hace que la publicidad sea visible solamente cuando los usuarios miran el material. Aunque se utiliza más en los equipos de computación tradicionales, su migración a las plataformas móviles es inevitable.

---

1 *In-kin*: formato de aviso online interactivo que consta de un marco, según la creatividad del anunciante, que rodea al reproductor de vídeo mientras el usuario usa la información. (N. de la T.)

E-mail (o, para ser más específicos, e-mails móviles)

Steve Lomax, director general de Experian CheetahMail EMEA, señala que el marketing vía correo electrónico está aumentando su popularidad. En los últimos años, demostró ser un método efectivo y mensurable para comunicarse con los demás y generar mejores rendimientos de marketing. Estudios recientes sobre el uso del e-mail en los celulares sugieren que:

- tres de cada cuatro jóvenes de entre 18 y 24 años ya revisa los correos electrónicos de esta manera o tienen la intención de hacerlo en un futuro muy próximo;

- muchos de los encuestados acceden a sus e-mails móviles durante el día, no solamente en horas laborales;

- la mayoría de los usuarios de smartphones revisa los correos electrónicos desde su celular durante el fin de semana.

Debido a que los smartphones suelen utilizarse para revisar y responder e-mails, en especial por las generaciones más jóvenes, queda claro que los comerciantes no pueden darse el lujo de ignorar el canal móvil. Los celulares inteligentes pueden representar una nueva oportunidad para los empresarios, y el e-mail móvil puede resultar especialmente efectivo para dirigir las actividades de los consumidores durante los fines de semana. No olvide la famosa sigla AIDA (Atención, Interés, Deseo y Acción).

Necesita llamar la Atención del usuario y para ello debe hacer que el tema del correo resulte atractivo. El mensaje debe tratar sobre algo que sea de Interés para ellos (¡y no sobre algo que solo le interese a usted!). En la Leeds Business School siempre les recuerdo a mis alumnos que tiene que ser sencillo para el lector, no para el autor. Promueva su marca de modo que genere un Deseo (es decir, muestre los beneficios y explique de qué manera usted puede ayudarlos a solucionar sus problemas). El mensaje debe ser importante para el usuario si quiere provocar la Acción (es decir, que adquieran los productos).

Hay algunas cuestiones, a saber:

- Los contenidos deben adaptarse, de modo que se adecuen a las pantallas pequeñas, como en el caso de los sitios web. Deben probar su mensaje en una serie de sistemas, ya que no todas las pantallas lo muestran de la misma forma. En poco tiempo, todos los smartphones podrán funcionar con HTML de manera correcta, pero por el momento hay que ser cuidadosos. Tal vez le interese conocer los e-mails móviles multipartes (MIME) que incluyen HTML (lenguaje de marcado de hipertexto, por sus siglas en inglés) y versiones de texto en un mismo paquete.

- Utilice un modelo más breve y conciso que el que usaría para los correos electrónicos enviados desde cualquier ordenador, ya que los usuarios móviles, por definición, están en movimiento y no necesariamente tienen tiempo de profundizar en su mensaje.

- Es más probable que los usuarios móviles manipulen la bandeja de entrada y eliminen (lo que ellos consideran que son) correos no deseados. Una vez eliminado el mensaje, ¡perdió el tren! Siempre es mejor obtener el permiso del usuario antes de enviar correos electrónicos a dispositivos móviles. Tiene que "ganarse el derecho" a contactarse con ellos (ver Capítulo 7).

Redes sociales

Sitios como Facebook, YouTube y LinkedIn (red de contactos profesionales) atraen a millones de usuarios, muchos de los cuales acceden a estos sitios a diario. Las redes sociales podrían ser el canal de marketing con mayor potencial para su empresa en el futuro a corto y mediano plazo.

Las redes sociales internas le permiten crear perfiles con diversos grados de privacidad en los sistemas internos, por ejemplo: intranets. Además, generan listas de usuarios y posibilitan el acceso a listas de contacto generadas por el usuario realizadas por otras personas de su misma empresa.

ESTUDIO DE CASO

En 2008, Dave Carroll volaba con su banda Sons of Maxwel en United Airlines (UA). Mientras esperaban a que despegara, vio a los maleteros "tirando guitarras por ahí". Cuando aterrizaron, Carroll descubrió que su guitarra estaba rota, y pasó nueve meses reclamando un resarcimiento por parte de la empresa que, con el tiempo, le dijo que daba por finalizado el incidente y que no iba a responder futuros e-mails. Entonces, el músico escribió tres canciones al respecto y las publicó en YouTube.

La primera tuvo un millón de reproducciones en la primera semana y llegó a un total de más de siete millones de visitas. Durante ese frenesí mediático, el valor de las acciones de UA cayó 180 millones de dólares durante las siguientes tres semanas y, aunque resulta imposible comprobar que solo se debiera a la publicación del vídeo de Dave Carroll, pero eso podría haber ayudado. Finalmente, UA le ofreció un resarcimiento que Carroll rechazó y pidió que se donara a la obra de caridad que ellos eligiesen. También, en respuesta a las críticas hacia una empleada de la aerolínea, Dave intervino para defenderla y dijo que ella había estado imperturbable, pero que solo estaba cumpliendo con las políticas de la empresa. No olvide que no solamente su marca se verá afectada, sus empleados suelen ser los más perjudicados por las malas políticas de atención al cliente.

Marketing viral

Siguiendo con el ejemplo anterior, la canción que compuso Dave Carroll no solo desató la ira en los medios, sino que también apareció disponible para descargar en iTunes. Por lo tanto, podemos describirla como una de las campañas de marketing viral más exitosas. El marketing viral es una forma potente y no remunerada de comunicación "de muchos a muchos" especialmente útil para PYMES, emprendedores, obras de beneficencia y otras organizaciones con presupuestos pequeños para sus comunicaciones de marketing. Con frecuencia, las campañas virales buscan una reacción de los usuarios, la cual puede ser, simplemente, que difundan el mensaje. La publicidad viral en vídeo consta de uno o varios vídeos que se vuelven virales.

Comunique activamente... Actividad 7

Lleve adelante un estudio para identificar comunidades objetivo controladas por los medios masivos tradicionales que se encargan de difundir su mensaje viral. Los medios sociales y, en especial, los canales de comunicación móviles son ideales para realizar campañas virales debido a que por naturaleza se desarrollan en tiempo real.

¿De qué modo integraría distintos canales para crear enlaces entre plataformas? ¿Cuáles son las plataformas que mejor se adecuan al mercado al que se dirige?

Blogs

Es muy importante tener una retroalimentación con los clientes, y debe participar de estas relaciones con sinceridad, transparencia y coherencia. Si se encuentra con comentarios negativos no deseados, debe actuar con rapidez y profesionalismo. Hable con el bloguero, ya sea por e-mail o contestándole en su propio blog. Los clientes perdonarán los errores aislados y respetan a las empresas que aprenden de sus equivocaciones.

Virgin no reaccionó lo suficientemente rápido ante un bloguero descontento cuyos comentarios sobre la comida que se servía en los vuelos se convirtieron en un éxito de la noche a la mañana por su estilo agudo y cautivador. Bastaron solo dos días para que se hablase del blog en los medios informativos gráficos y online. Finalmente, Richard Branson en persona le respondió a este sujeto, lo felicitó por el éxito de su blog y lo invitó a que realizara sugerencias sobre los menús a bordo de la compañía. Lo fundamental es responder rápido, enfrentar la situación, pedir disculpas si fuere necesario y, sobre todo, evitar que se transforme en el artículo más importante de las noticias por los motivos equivocados.

Algunos blogs son más importantes que otros, ya que representan los puntos de vista de líderes y formadores de opinión, y de expertos que tienen peso propio. Los siguientes tienden a hablar de tecnología y vale la pena examinarlos:

- buzzfeed.com

- engadget.com

- gizmodo.com

- techcrunch.com

- techmeme.com

Algunos analistas creen que TechCrunch, propiedad de Michael Arrington, es el blog sobre tecnología de mayor influencia. Es un asunto opinable, pero la calidad del material con que cuenta hace pensar que debería incorporar la lectura de este tipo de blogs como parte de su rutina para analizar el medioambiente (se verá con más detalle en el Capítulo 5). Algunos blogs están repletos de cosas triviales, pero otros ofrecen los frutos del antiguo periodismo de investigación... lamentablemente en decadencia en todas partes ¡pero en su plenitud en la blogosfera!

Comunique activamente... Actividad 8

¿Qué tipo de blog se adecua mejor a su mensaje? ¿Tiene su empresa un blog? ¿Hay miembros de su equipo de trabajo que estarían dispuestos a hacerse cargo de un blog? ¿Puede incorporar usuarios a sus blogs? ¿Estarían dispuestos los usuarios a crear un blog comunitario?

Microblogs

Twitter es el microblog más conocido. Permite a los miembros actualizar a sus seguidores con "tweets" de hasta 140 caracteres de extensió. Se pueden seguir estas actualizaciones online, pero con cada vez más frecuencia se accede a ellas a través de dispositivos móviles. Las redes sociales como Facebook reaccionaron ante el enfoque de actualizaciones en tiempo real de Twitter al permitirles a sus miembros realizar actualizaciones regularmente mediante comentarios breves o "actualizaciones de estado".

No obstante, a diferencia de las redes sociales tradicionales, los blogs y los foros públicos, Twitter es antes que nada una red de información en tiempo real. En 2010, Twitter soportaba mil millones de consultas de búsqueda diarias y enviaba a usuarios de todas partes del mundo varios miles de millones de tweets por hora. Los temas que abarcan varían entre asuntos aburridos y banales a cuestiones de interés internacional. En 2009, el tema más tratado en esta red social fue las elecciones en Irán.

Cuando el tema de discusión evoluciona constantemente es el momento en que Twitter funciona en todo su esplendor. Esto hace que se preste muy bien para las noticias, los comentarios de espectáculos o temas de actualidad (por ejemplo: la escalada de Comic Relief al Kilimanjaro obtuvo 175.000 seguidores), sin embargo, las marcas tradicionales con una presencia digital más estática quizá tengan que hacer esfuerzos para aprovechar todos los recursos que ofrece Twitter. Deberían esforzarse por mejorar su presencia interactiva porque muchos utilizan esta red social para saber qué está sucediendo, no solamente a nivel social, sino en el resto del mundo, ya que las personas a quienes siguen se convierten en líderes y formadores de opinión, y hacen comentarios sobre las últimas noticias.

Really Simple Syndication (RSS)

Muchos buscan controlar su consumo mediático al filtrar el "ruido" indeseable de la gran cantidad de medios de comunicación disponibles. Utilizan sus celulares para recibir información de redes sociales, blogs o sitios web seleccionados al ingresar al sitio de RSS pertinente. Tales sitios actualizan los títulos de última hora en tiempo real, según los temas indicados mediante palabras clave, y proveen a los usuarios de enlaces relevantes, y a quienes publican, de lectores relevantes.

Esto hace que a los usuarios de celulares les sea fácil seguir la información sobre determinadas empresas o sectores. El RSS ofrece información útil sobre cómo las historias suelen tener distintas miradas en los medios de comunicación globales. El deporte fue el motor de muchas empresas de comunicaciones, y los sitios de RSS les dan a los fanáticos la posibilidad de seguir las idas y vueltas de sus adorados equipos, así como compartir comentarios divertidos de los seguidores.

Bluetooth

Chaffey (http://www.davechaffey.com/) define el Bluetooth como un patrón para la transmisión inalámbrica de datos entre aparatos, como un teléfono celular o un PDA. En sus comienzos, Bluetooth simplemente permitía la transferencia de datos o de archivos entre celulares; es decir, que se podía enviar una tarjeta de presentación virtual a un colega. Sin embargo, en los últimos tiempos la funcionalidad de Bluetooth se expandió hacia una vasta gama de productos que van desde audífonos a cascos para motocicletas, entre otras cosas. Este crecimiento permitió un incremento del "Bluejacking", en donde los proveedores de servicios envían mensajes a celulares que se encuentren a corta distancia. Esta práctica es habitual en algunas partes del mundo y se está dando con cada vez más frecuencia en el Reino Unido y en los Estados Unidos. El Bluejacking sigue planteando cuestiones éticas, pero eso no empaña el potencial que tiene usar Bluetooth como una poderosa herramienta de comunicaciones móviles una vez que se haya obtenido el permiso para hacerlo.

Se pueden adquirir publicaciones móviles, pero no es una buena opción debido a las siguientes razones:

- los usuarios de celulares cambian su número con frecuencia, por lo tanto las bases de datos pasan a estar desactualizadas de un momento a otro;

- a los usuarios de celulares les molestan más los mensajes indeseados o el spam que a los de ordenadores... lo consideran como una invasión a su intimidad;

- adquirir una publicación significa que no se cuenta con el permiso del usuario para poder contactarlo;

- establecer comunicaciones móviles sin permiso va en contra de lo que se considera las mejores prácticas (por no mencionar la parte ética) de acuerdo con la Mobile Marketing Association (MMA) y la Direct Marketing Association (DMA).

Comunique activamente... Actividad 9

Se recomienda encarecidamente que solicite siempre el permiso de los usuarios de celulares antes de enviarles mensajes. ¿De qué manera controla y reacciona su empresa ante los pedidos de eliminación de destinatarios de las actividades de comunicación? En el Capítulo 9 se verá con más detalle el móvil marketing y su ética.

La idea de enviar códigos a los celulares está bien arraigada.

ESTUDIO DE CASO

Orange Wednesdays cosechó un éxito rotundo debido, en parte, a la ingeniosa sucesión de publicidades en los cines y a lo sencillo que era participar de la promoción. Los clientes de Orange tienen que enviar un mensaje de texto con la palabra "film" al número 241, y de ese modo participar en un "dos por uno". Los cines están repletos, si no sería una noche tranquila; los usuarios reciben una rebaja, y Orange obtiene una base de clientes fieles. Cuando se asiste a este tipo de eventos resulta imposible no ver que se llega a una gran cantidad de personas. ¡Es una situación en la que es imposible fallar!

La minorista Co-op probó con el envío de códigos de barras directamente a los clientes, para que luego los presentasen (desde la pantalla del celular) al cajero y recibieran un descuento en un determinado producto. El siguiente paso lógico es utilizar Bluetooth para saber en qué momento los clientes se encuentran en determinadas sucursales de Co-op, y luego les envían mensajes de texto donde brindan beneficios en el momento, lo que representaría un móvil marketing en tiempo real en todo su esplendor. El responsable del local puede vender más productos mientras que el cliente hace un gran negocio. Incluso puede usarse como base para una investigación en tiempo real; es decir: "Si esto no es de su agrado, ¿cómo podemos ayudarlo?". La idea de combinar la conveniencia del consumidor con obtener sus impresiones sobre la relación calidad/precio resulta muy eficaz. Para enfrentar cualquier acusación de promover un consumo excesivo, lo que a su vez podría llevar al desperdicio, los vales electrónicos pueden ser del tipo "compre uno, llévese otro después", lo que es aún mejor ya que fomenta la repetición de visitas, reduce el desperdicio y aumenta las oportunidades del marketing relacional.

Bluecasting

En principio, el Bluecasting es similar, pero en general es una herramienta de promoción unidireccional. Chaffey (http://dave-chaffey.com/) señala: "El Bluecasting consta de mensajes automáticamente dirigidos al celular del cliente con Bluetooth o bien se puede solicitar contenido de audio, vídeo o texto para descargar de un anuncio en tiempo real. En el futuro, los avisos podrán responderles a quienes los miren".

Gánese el derecho a utilizar Bluetooth

En la jerga de ventas, la noción de ganarse el derecho a realizar preguntas complejas está bien vista. La versión de la DMA de esto es un "llamado a la acción", y dónde se envíe el mensaje dependerá de la proximidad; es conveniente que cuente con ello. Puede resultar tan simple como poner un cartel en un sitio que le diga a la gente que vaya a la zona en donde hay Bluetooth. De lo contrario, es posible que los consumidores consideren sus comunicaciones de marketing como indeseadas o spam. ¡Debe evitarlo! La DMA recomienda cuatro aplicaciones generales de marketing para Bluetooth (ver Tabla 3.1).

TABLA 3.1. Escenarios de Bluetooth

Aplicación para Bluetooth	Ejemplo	Distancia	En contexto o pertinentes	Llamado a la acción
Interacción positiva del consumidor a distancia muy corta	En shows y eventos, y en carteles interactivos al aire libre	Unos pocos centímetros	Sí: el cliente tiene que interactuar y llevar su celular al área con Bluetooth	Sí
Interacción de activación de Bluetooth a corta distancia "en contexto"	El usuario va a un recital y puede descargar un ringtone de la banda que fue a ver	Unos cuantos metros	Sí: el contenido está en contexto, es directamente pertinente a la ubicación/circunstancia y refleja el posible interés del consumidor en el mensaje	Sí: de manera implícita
Interacción de activación de Bluetooth en general a corta distancia	Un ambiente general en donde el mensaje no necesariamente está en contexto, por ejemplo: un centro comercial	Unos cuantos metros	No: los consumidores pueden considerarlo como una invasión a su privacidad y un motivo de queja	Ningún llamado claro a la acción
Interacción de activación de Bluetooth general a larga distancia	Un ambiente general y amplio en donde el mensaje no está en contexto, por ejemplo: en una estación de tren o en la calle	Hasta 100 metros y más aún si se conecta a la red; posiblemente largas distancias	No: los consumidores pueden considerarlo una invasión a su privacidad y un motivo de queja	Ningún llamado a la acción

CONSEJOS PRÁCTICOS

▶ Los videojuegos pueden representar una oportunidad para publicar avisos o hacer publicidad por emplazamiento. La publicidad puede intercalarse en el juego y contextualizarse para evitar que los jugadores la rechacen.

▶ Los *advergames*, como el Mad Mix de Pepsi, fueron diseñados para promover una marca o un producto a través de la monopolización, de las carteleras, y/o de su uso.

▶ La monopolización existe cuando la marca domina por completo un juego, mientras que las carteleras permiten que las marcas figuren en contexto, por ejemplo: carteles al costado de las rutas.

▶ La utilización se da cuando los personajes emplean los productos de manera casi natural.

ACTIVIDAD

 Piense en el futuro de su empresa: a medida que evolucionan los medios sociales, habrá menos canales individuales de comunicación de marketing y un mayor panorama en general.

PREGUNTA

 ¿Cuál es la diferencia entre los mundos virtuales, los juegos y las redes sociales?

CAPÍTULO 4
ANALICE SU SITUACIÓN I

Aunque vengo utilizando la palabra "empresa", en realidad existen muchas clases de organizaciones y de negocios multilaterales, a saber: emprendimientos, empresas individuales, asociaciones, cooperativas, obras de beneficencia, empresas sociales, compañías privadas y de capital abierto.

CULTURA Y TAMAÑO DE LA EMPRESA

Cada una de estas organizaciones tiene distintos fines y objetivos. Un elemento común a todos es que muchas se preocupan por cómo hacer para que los empleados se sientan valorados, a menudo sobre la base de la propia experiencia en vez de hacerlo por la investigación.

Para comunicar de manera efectiva es importante que comparta su visión con el personal y que les muestre cómo ellos pueden colaborar para lograrla. Hoy en día, todos los empleados poseen celulares y por eso debería comunicarse con ellos por ese medio, siempre y cuando cuente con permiso para hacerlo (ver Actividad 7, Capítulo 3). Muchos empleados trabajan aislados, concentrados solo en el área o disciplina de su especialidad y carecen de conciencia, incluso de interés, sobre cómo funciona la empresa en general. Sin embargo, si los ayuda a comprender cómo contribuye a la idea general, se sentirán más orgullosos de su tarea, lo que a su vez beneficia a la organización.

CULTURA

Si se dedica a la prestación de servicios, y en particular a la de servicios online, en ellos se reflejará la cultura de la empresa. ¿Por qué elegir la prestación de servicios online antes que cualquier otra forma de servicios? Bueno, los consumidores que están conectados, y en especial los que lo hacen con sus móviles, saben discernir y están preparados para cambiar si no quedan satisfechos con el servicio *y con la forma en la que funcionan* los sitios. En ocasiones, los problemas surgen más por una impresión del servicio que por la realidad. La calidad de lo que uno brinda puede medirse, aunque no es fácil y puede que desee buscar ayuda externa.

Otros problemas de la prestación de servicios son:

- no son buscados, puesto que los clientes quizá no sepan cuán necesarios son algunos servicios;

- no todos los consumidores pueden identificar sus necesidades con claridad y tal vez se sientan frustrados;

- no pueden probarse los servicios antes de comprarlos, lo que implica un cierto grado de riesgo;

- la extrema competencia hace que sea sencillo cambiar de proveedor.

Puede lograr una ventaja competitiva al brindar un servicio con una calidad bastante superior que el de la competencia.

Analice su situación I... Actividad 10

Use una investigación de móvil marketing (ver Capítulo 6) para conocer más sobre las expectativas y percepciones de los clientes. Esto también resulta útil si brinda servicios a colegas de otros departamentos o dentro de la misma empresa matriz.

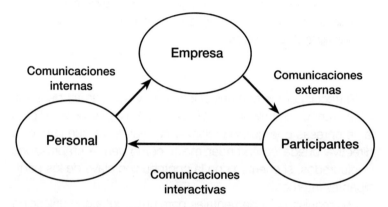

FIGURA 4.1. Enlaces comunicativos. Adaptado de Kotler *et al.* (2005 pág. 635)

Las comunicaciones de marketing interno (Figura 4.1) son fundamentales si se quiere satisfacer al destinatario final. A veces, debe venderles los beneficios a sus colegas. Invítelos a que vean la idea general de la empresa, si se pueden superar las expectativas del servicio de atención al cliente y no solo cumplirlas. Para que resulte efectivo, el marketing interno debe poseer una cúpula directiva totalmente comprometida con el asunto, lo cual lamentablemente no suele ser habitual. Este tema se verá con más profundidad en el Capítulo 7, cuando se contemple el papel de las comunicaciones móviles internas y la creación de relaciones.

Comunicaciones móviles internas

Los empleados deben ser considerados embajadores de la empresa y deben tener un interés real en que el negocio prospere.

Analice su situación I... Actividad 11

Mantenga bien informados a sus empleados mediante una comunicación móvil bidireccional. Permítales que hagan comentarios sobre lo que observan en la empresa; esto mejorará su relación con ellos y le dará un valor agregado a su negocio.

Perfeccionar las comunicaciones móviles internas beneficia a los grandes empresarios y a las PYMES. En especial es útil para las empresas que quieren relanzar su marca, ya que la cúpula directiva puede comprender mejor cómo ven la empresa los involucrados, si cuentan con la contribución clave de los participantes internos.

Los requisitos fundamentales para una buena comunicación interna son:

- información general sobre la organización;

- información específica sobre el rol de cada uno en ella;

- claridad respecto de cada uno de los roles;

- comprensión total de la visión de la empresa;

- información sobre las prácticas en el lugar de trabajo;

- oportunidades para participar y ser consultado;

- retroalimentación con respecto al desempeño;

- acceso a capacitación y desarrollo;

- acceso a los canales de comunicación.

Una estrategia de comunicación interna que abarque estas necesidades de manera efectiva debe generar una mano de obra comprometida que disfrute de sus tareas porque se siente valorada.

Analice su situación I... Actividad 12

Emplee los nueve indicadores del listado anterior para llevar a cabo una auditoría de sus comunicaciones internas. Si cumple con todos, será el mejor y sin dudas verá los frutos. No obstante, si cumple con seis o menos, quizá deba repensar su enfoque para comunicarse con el personal. Tiene que demostrar un compromiso con el proceso de aunar las visiones sobre la empresa y sobre los temas que influyen en la satisfacción laboral. Si no se sienten valorados, debe encargarse de ello y hacer un esfuerzo "visible" por escucharlos. Use mensajes de texto para detectar qué los preocupa. Permítales que sean anónimos si quiere evitar la parcialidad, o tal vez al usar una fuente externa como receptora.

Los conocimientos que reúna detectarán patrones e incoherencias sobre los que deberá actuar positivamente. Si comprometió y recompensó a sus empleados por los esfuerzos realizados, verá los frutos de contar con una mano de obra comprometida y concentrada en el mensaje a su lado. Así que no se esconda en la oficina, siga el consejo de Tom Peter y arrégleselas para caminar por todas partes: conozca al equipo de gente que colabora para que su empresa sea lo que es. ¡Déles su número de celular!

Controlar el mensaje interno

Es probable que ya haya utilizado muchas de las herramientas tradicionales para comunicarse con los miembros internos, por ejemplo: carteleras de noticias, reuniones, intranets, eventos y boletines informativos. ¿Cómo puede saber cuán efectivas son estas herramientas? ¿Colocar una nota en una cartelera da algún resultado? En la medida de lo posible, bríndeles a los miembros información a la que puedan acceder a través de sus celulares. Hacer boletines electrónicos con regularidad puede convertirse en una fuente de abundante información para el personal, lo cual tiene un bajo costo de producción y deja una huella ecológica pequeña. Si le fue mal en la Actividad 12, puede aumentar sus calificaciones mediante la emisión de boletines electrónicos de noticias que:

- publiquen artículos sobre los logros del personal, tanto en el plano profesional como en el personal;

- festejen los desempeños sobresalientes en el lugar de trabajo;

- compartan actualizaciones regulares de la cúpula directiva sobre asuntos comerciales;

- sean coloridos y fáciles de leer en las plataformas móviles, y que tengan enlaces hacia otros artículos más detallados en un sitio .mobi o mediante una intranet;

- coloquen indicaciones en los podcasts y/o vodcasts (audios descargables en archivos de vídeo) ya que la gente está cada vez más acostumbrada a ver vídeos (por ejemplo, mediante YouTube) en vez de leer.

Las intranets son herramientas útiles, pero no puede dependerse de ellas como el único canal de comunicación con el personal. En cambio, es preferible que los empleados puedan interactuar con los directivos cara a cara (por ello, los mencionados vodcasts) que solo por medio de boletines: haga que los directivos publiquen artículos de fondo con regularidad; eso ayuda a sortear barreras.

En la actualidad, cada vez más compañías utilizan sus propios sitios en las redes sociales para comunicarse con los empleados y otros miembros. Eso puede ayudar a reducir el tiempo que ellos le dedican a sus propias redes sociales, así como conocer las últimas tendencias del personal. Ha habido problemas con el personal por el uso abusivo de Internet en horas laborales, lo que a su vez provocó una severa reacción de la empresa.

Uno se pregunta cuánto de esto se debe a las malas comunicaciones internas, a la insatisfacción del personal y a la falta de transparencia o de protocolos claros por parte de la patronal. Vale la pena preguntarse por qué los empleados sienten la necesidad de hacer las cosas "públicas". A menudo se debe a la ausencia de un diálogo saludable, lo cual puede abordarse hasta cierto punto mediante un mejor uso de las comunicaciones móviles.

Utilizar comunicaciones móviles para darle un mayor valor agregado a los miembros externos

El uso del lenguaje refleja en gran medida la cultura de la empresa; por ello cada vez con más frecuencia tendrá que rendir cuentas de las actividades y comunicaciones que se desarrollen dentro de la cadena de suministro (ver Capítulo 10), al igual que entre el personal. La gran división no se produce entre directivos y empleados, tampoco entre usted y los proveedores, sino entre quienes se centran en el cliente y quienes no.

Analice su situación I... Actividad 13

Debe cerciorarse de que todos los miembros de la cadena de suministro, redes y comunidades promuevan los valores que usted fomenta y consideren que lo que le interesa al cliente es lo primordial. Realice una investigación para descubrir cómo les transmiten el mensaje a los clientes o a los otros intermediarios.

El modo de comunicarse depende de una serie de asuntos, pero el principal es la demanda que tienen sus productos o servicios. Usted se comunicará con los intermediarios a través de una estrategia de *pull* si la demanda es alta o de *push* cuando la demanda es "normal". Veamos este asunto con más detalle.

Comunicaciones de push y pull

Una estrategia de *push* es la que genera mensajes que ayudan a impulsar los bienes y servicios a través de los canales de marketing, de un intermediario a otro hasta llegar al destinatario final. Recuerde siempre que su cliente no siempre es el usuario final, y por ello debe ser sensible a sus necesidades. El marketing *push* suele emplear las herramientas de comunicación "por encima de la línea" (ver Figura 3.2), por ejemplo, la publicidad. Puede ser costoso; sin embargo, permite medir los efectos y establecer un retorno de su inversión en comunicaciones de marketing (ROMI, por sus siglas en inglés).

Las estrategias de *pull* responden a la gran demanda de los usuarios finales. En algunos casos, se usan para estimular la demanda al aumentar las perspectivas de compras. Preste atención a la terminología: los empresarios no tienen la varita mágica y no pueden hipnotizar a los consumidores. En la amplia mayoría de los casos la gente solicita y adquiere productos y servicios que satisfagan una necesidad o un deseo que ya han reconocido. Cuando se trata de las herramientas de *pull*, con frecuencia el cliente es el usuario final. Este tipo de estrategias funciona donde hay una gran demanda de bienes y servicios.

En Apple son expertos en generar rumores y en evitar el lanzamiento de productos clave en eventos de la industria como el Consumer Electronics Show en Las Vegas (http://www.cesweb.org/). Por el iPhone de Apple, los posibles compradores hicieron una fila que daba vuelta la esquina literalmente. Con el iPad, la compañía amenazó con iniciar acciones legales contra un sitio web estadounidense que prometía una recompensa quien mostrara imágenes del prelanzamiento del producto; se llegó a ofrecer 50.000 dólares por una foto de Steve Jobs con el iPad en la mano. De cualquier manera, los potenciales compradores (es decir, los eventuales clientes) de los flamantes productos de Apple, generan una demanda por ellos y también por información al respecto, e inundan Twitter y otras redes sociales con especulaciones.

El móvil marketing es apropiado para las empresas de todas las formas y tamaños

Se ajusta perfectamente al estilo de vida de los ocupados ejecutivos de las grandes empresas que necesitan información fácil de conseguir, mientras que las PYMES pueden aprovechar los esfuerzos aunados, por ejemplo: compartir enlaces, pensamientos, ideas en desarrollo de manera sencilla y en pocos segundos. Las herramientas de marketing actuales fueron diseñadas para ser usadas por empresas grandes, sin embargo, las circunstancias y características de las PYMES exigen diversos enfoques.

Las PYMES tienden a adoptar las características del dueño o los directivos, suelen ser más intuitivas y se prestan mejor a medios sociales como LinkedIn. Tienen cada vez más importancia económica ya que en el Reino Unido hay 2.500.000 empresas, de las cuales el 99% son pequeñas y medianas. Cálculos recientes señalan que la recaudación anual de este sector excede el billón de libras esterlinas, lo que representa casi la mitad de la actividad económica del sector privado del Reino Unido. No obstante, la mayoría de los libros de marketing ignoran las PYMES y se concentran principalmente en las compañías grandes. Hoy en día esta tendencia está cambiando porque cada vez existen más cantidad de pequeñas y medianas empresas que compran y venden productos y servicios online.

Las PYMES pueden formar alianzas sólidas con los clientes y hacerlos sentir importantes: tienen la capacidad de reaccionar con rapidez para modificar las necesidades de los clientes y la dinámica del mercado. Las restricciones financieras que enfrentan muchas empresas de este tipo junto con las exigencias de tiempo de los dueños/directivos sin dudas contribuyen a la falta de marketing coordinado. No obstante, estas barreras no deberían impedir la adopción de herramientas de móvil marketing como las relaciones públicas (RRPP) y las redes.

Las relaciones públicas cuentan con muchos beneficios y muy pocos inconvenientes para las PYMES. Existe una amplia variedad de asesores externos, desde agencias hasta consultores de las escuelas de negocios de la zona. Alguna de ellas pueden ayudarlo a cambio de una cifra razonable. Otra herramienta que suele emplearse de manera intuitiva son las redes. En la actualidad, las cámaras de comercio y otras entidades realizan eventos de ese estilo que pueden resultarles útiles a los ejecutivos de las PYMES. Por lo tanto, no subestime las posibilidades que tienen las redes sociales: no todo es Facebook y Gurgle (sitio británico dedicado a las madres, que significa "gorjeo"... ¡gran nombre!). Pruebe con LinkedIn, que es un sitio relacionado con los negocios que funciona desde 2002.

Existen algunos impedimentos para que las PYMES adopten el comercio electrónico; ellos son:

- falta de conciencia de las PYMES en lo que respecta a fuentes de ayuda, por ejemplo, subsidios;

- consideran que la implementación de la TI es un problema;

- creen que el tamaño de la empresa es muy pequeño para obtener beneficios;

- están convencidos de que la tecnología necesaria es demasiado cara, compleja o incompatible con los sistemas que tienen.

Las herramientas de las redes sociales están cambiando a un ritmo cada vez más rápido, pero una constante es que los clientes (internos y externos) necesitan conocer los beneficios de lo que usted les está ofreciendo. ¡Eso nunca cambia!

CAPÍTULO 5
ANALICE SU SITUACIÓN II

Como vimos, su empresa se beneficiará si adopta una orientación al marketing. Para que le vaya aún mejor debe prestar atención a lo externo. Por cierto que necesita técnicas de elaboración, productos e iniciativas de venta excelentes, pero es primordial que conozca los cambios en los clientes y otros factores en juego en el ambiente en general. Cuando vea que ocurren cambios en el mercado o en el ambiente, deberá adaptarse; de lo contrario, corre el riesgo de quedarse atrás.

LA NECESIDAD DE CONTROLAR SUS AMBIENTES

Tómese un minuto para pensar cómo se ha modificado el mundo en los últimos 30 años. La tecnología aceleró la velocidad de los cambios de una manera que afectó nuestras vidas sin que nos diéramos cuenta. Por ende, todas las organizaciones tienen que controlar constantemente los factores que operan tanto fuera como dentro de ellas para asegurarse de que evolucionan al mismo tiempo. Al conjunto de estos factores se los conoce en la terminología de marketing como el "ambiente del marketing".

EL AMBIENTE DEL MARKETING

El ambiente del marketing está compuesto por factores que son:

- externos y fuera de los límites controlables por la organización; se los conoce en su conjunto como el "macroambiente" o el "ambiente situacional";

- industrias u organizaciones desde internas y específicas hasta particulares, donde una organización, en cierto punto, tiene algún control sobre ellas: a menudo denominado como "microambiente".

Cualquiera sea el tamaño o la clase de su organización, debe controlar las fuerzas que funcionan externamente que puedan afectar al cliente. Análisis del ambiente es el término que suele utilizarse para describir los sistemas empleados para estudiar con regularidad los cambios del entorno.

Analice su situación II... Actividad 14

Usted o alguien que designe debe encargarse de analizar el ambiente externo. Lea diarios de buena calidad informativa para mantenerse al tanto de los sucesos fundamentales, mire programas que contengan noticias comerciales, contáctese con su comunidad comercial a través de la escuela de negocios local o de la Cámara de Comercio (tienen acceso a informes y a inteligencia de mercado, por ejemplo, del estilo de Mintel y Datamonitor), sea organizado y sistemático ya que el mundo del comercio móvil es inconstante y vertiginoso.

El macroambiente

El macroambiente es inconstante, está formado por fuerzas incontrolables (ver STEELPIES, según las siglas en inglés por las iniciales de las palabras en los círculos superiores de la Figura 5.1) que están en constante movimiento y que pueden tener un profundo impacto en las comunicaciones.

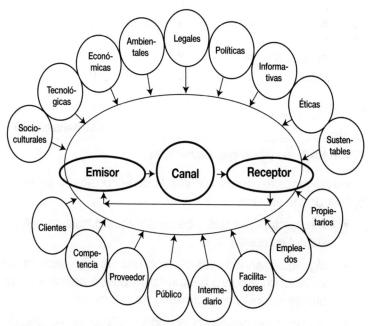

FIGURA 5.1. Modelo de comunicación con interacción ambiental

No olvide que estas fuerzas no operan de forma aislada –interactúan–, pueden limitarse o impulsarse unas a otras. Por eso necesita sacar ventaja de cualquier oportunidad que surja y alejar la empresa y las actividades de comunicación de marketing de cualquier amenaza. Todos los esfuerzos de comunicación de marketing que realice están a merced de las fuerzas antes mencionadas.

PEST[1] actúa como un trampolín en la mayoría de las estructuras que normalmente se utilizan (Figura 5.2).

---

1 PEST es la sigla de un tipo de análisis Político, Económico, Social y Tecnológico. (N. de la T.)

P	P	S	E	S
E	E	T	P	T
S	S	Ética	Información	E
T	T	E	S	E
	Ecológico	P	T	L
	Legal	L	L	P
		E	E	I
				E
				Sustentabilidad

FIGURA 5.2. PEST y otras macroestructuras

Hay algunos aspectos que vale la pena considerar antes de optar por una estructura:

- la estructura predilecta de CIM (Chartered Institute of Marketing) es PESTEL;

- algunos usan Educativo como una de las variantes de STEEPLE; sin embargo, Informativo puede acapararlo, ya que se refiere al conocimiento y a su manejo;

- las obras de beneficencia podrían utilizar STEEPLE debido a su costado ético;

- las empresas que usan nuevas tecnologías consideran que la Información es fundamental, y por eso emplean EPISTLE;

- solamente STEEL PIES abarca todos los factores y determina la creciente importancia de la Sustentabilidad.

Analice su situación II... Actividad 15

Identifique qué macroestructura es la que mejor se adapta a su empresa y a su mercado. Sea claro con las diferencias ya que ninguna estructura es mejor que otra.

Consideremos brevemente algunos "macrofactores" fundamentales de la estructura EPISTLE.

Economía

A medida que la economía británica y estadounidense se ralentizaba e iba entrando cada vez más en recesión en 2008 y 2009, el deterioro proporcionaba oportunidades y amenazas a las empresas y a sus actividades de comunicación de marketing. Como los gastos de consumo y la confianza disminuyeron, los negocios estaban obligados a buscar maneras de aumentar sus ingresos y de seguir satisfaciendo a los clientes de formas efectivas y eficientes.

Las actividades de promoción de ventas, tanto las tradicionales como las de los medios digitales contemporáneos se utilizaron con más frecuencia como una forma de estimular el comportamiento del consumidor y de "dar un valor agregado" e "incentivar". No obstante, el sitio en las redes sociales de HopOnThis.com elige premiar a los usuarios con golosinas gratis por hacer lo que uno ya está pensando, como compartir sus fotos, bloguear e invitar a amigos a que se unan a su comunidad virtual.

Política

Los gobiernos tienen repercusiones directas en sus actividades de comunicaciones móviles y en sus intenciones. En el informe de 2009 de *Digital Britain*, el gobierno británico anunció su propósito de aumentar la velocidad de la banda ancha y de facilitar el acceso a Internet desde los hogares del Reino Unido. Esto mejorará las posibilidades de detectar eventuales destinatarios y de convertirlos en clientes.

> Las compañías de telecomunicaciones móviles, como Vodafone, pagaron enormes sumas para adquirir las licencias, y por eso realizaron con fervor la promoción de la tecnología de texto y MMS (mensajes multimedia), lo que a su vez incrementó el tráfico de las redes. Algunos analistas opinaron que los montos pagados por las licencias en el Reino Unido (23 mil millones de libras estorlinas) actuaron como un freno importante para el desarrollo

del mercado 3G. La próxima revolución 4G presenta, en todo caso, aún mayores oportunidades de cambio y se espera que los políticos no maten a la gallina de los huevos de oro.

Es el gobierno el que crea políticas sociales, económicas y ambientales, por lo tanto se debe estar alerta ante los cambios. La cámara de comercio de su zona es una excelente fuente de información ya que allí se analiza de cerca las consecuencias de la legislación en el sector empresario.

No alcanza con controlar el ambiente político y luego reaccionar ante los cambios. Jonathon Porritt (2005) afirma:

Las empresas tienen cada vez más responsabilidad de ser proactivas en vez de reactivas, de anticiparse a los cambios inevitables, de llenar el espacio que tienen asignado con muchas más acciones que cuiden la sociedad y el medio ambiente, y de exigirle al gobierno que realice los cambios con mayor rapidez.

Teniendo en cuenta que "gobierno" abarca los gobiernos locales, nacionales e internacionales, seguro que el área de la que es responsable cada vez es más compleja. No alcanza con que compita; se espera que también exija cosas.

Analice su situación II... Actividad 16

Descargue un ejemplar de *Digital Britain* e identifique las áreas que representan una oportunidad y una amenaza para su empresa. ¿De qué manera cree que los cambios políticos (allí mencionados) pueden afectar su empresa? ¿Quién controla los cambios que realizan los gobiernos locales, nacionales e internacionales? ¿Cómo afectan a su empresa? Publíquelo en su sitio web e invite a que el personal realice comentarios mediante una plataforma móvil.

Información

La información brinda bases para la toda toma de decisiones efectiva y, por ende, su disponibilidad y la precisión de su contenido es un problema. La web 2.0 generó una explosión en el acceso a la información y para un público cada vez más amplio. Desde los smartphones se puede acceder mediante las redes sociales a su sitio comercial, lo que permite una mejor comunicación con los usuarios. Leer blogs e información en general en las redes sociales hace que la información sea vista desde otra dimensión. Se puede aprender mucho de los blogueros y usuarios, ellos le permiten codificar los mensajes mejor que nunca y así detectar a los posibles clientes con una mayor precisión.

Cuestiones socioculturales

El estilo de vida, las aficiones y las actitudes han evolucionado y, naturalmente, lo que consideramos aceptable en la forma de comunicarnos ha cambiado enormemente. Contar con cada vez más ingresos y tiempo libre han aumentado las formas de satisfacer nuestras necesidades. En el Reino Unido, una población anciana y un mercado joven en constante reducción vieron cómo, por consiguiente, los negocios se fueron adaptando a sus destinatarios.

Un buen ejemplo de los cambios en las actividades de comunicación de empresas y que reflejan las circunstancias actuales de la sociedad son las redes sociales. Estas han evolucionado, en especial entre la juventud; por eso debe monitorear estos sitios para poder reaccionar ante las oportunidades o amenazas que surjan. Es necesario tener una reacción rápida ya que los clientes actuales y futuros que compran por Internet pueden ser inconstantes, y la "tendencia" del momento puede pasar muy rápido.

Es difícil vaticinar hasta qué punto se modificarán nuestros hábitos de consumo mediático en el futuro. Sin embargo, en la actualidad ya leemos menos diarios impresos y preferimos informarnos en Internet; nuestros hábitos televisivos también están cambiando debido a que hay más opciones "a la carta". No obstante, la generación actual de veinteañeros está muy lejos de leer la misma cantidad de diarios que sus antecesores.

Es difícil imaginar que dentro de 10 o 20 años, cuando los ahora jóvenes sean los magnates de la industria puedan considerar los diarios como su principal canal de comunicación. Los smartphones multimedia y los lectores como iPad o Kindle brindarán cada vez más posibilidades de acceder a diversos medios, por ejemplo las noticias, y aliviarán algunos de los problemas socioambientales actuales, como la tala de árboles para producir los medios tradicionales.

Tecnología y comunicaciones móviles

El marketing electrónico a veces ha tenido problemas para seguirle el ritmo a los cambios tecnológicos. En todo caso, el cambio se acelera y debe saber cómo las nuevas tecnologías pueden ayudarlo a alcanzar los objetivos corporativos y los de marketing. En 2009, MySpace se transformó en la primera red social de gran alcance disponible para televisores. Ese año, Samsung, Panasonic y Sony comercializaban televisores que permitían la conexión a Internet. Al mismo tiempo, el Canal 5 del Reino Unido anunciaba que la mayoría de sus emisiones más destacadas saldrían por YouTube, lo que crearía un círculo virtuoso donde convergerían las tecnologías; las redes sociales serían el Yin y la televisión el Yang.

Estos equipos pueden unirse a su smartphone, y entonces usted puede llegar a convertirse en un verdadero *multi-tasker*. Los estudios arrojaron que hubo un gran incremento en la cantidad de personas que a diario acceden a las redes sociales o a los blogs desde su celular o PDA (ver Glosario). Este aumento significa que las herramientas que brindan los medios sociales tienen cada vez más importancia para las comunicaciones de marketing. La llegada de los teléfonos 3G dio a conocer un nuevo medio para usar la tecnología de los mensajes multimedia (MMS). La próxima generación (es decir, la 4G) verá cómo el smartphone se convertirá en su dispositivo más importante (para más detalles, ver Capítulo 10).

Aspectos legales

Es necesario prestar atención a cualquier tipo de legislación que pueda afectar seriamente a sus comunicaciones móviles actuales y futuras. La industria de las comunicaciones del Reino Unido se rige por una combinación de autorregulaciones y de exigencias legales. En 2004, en el Reino Unido se observó un gran cambio en la regulación de las comunicaciones de marketing cuando la Advertising Standards Authority (ASA) fue designada como el ente autorregulador del contenido publicitario tanto en la gráfica como en la radiodifusión.

Las responsabilidades regulatorias actuales de OFCOM[1] no incluyen el contenido de Internet. Casi no existen leyes internacionales que limiten el uso o abuso online, sin embargo, los gobiernos de la Unión Europea y de los Estados Unidos están trabajando en una legislación conjunta para controlar Internet. Identificar qué se considera un comportamiento aceptable y qué no por encima de las barreras culturales e internacionales es todo un desafío.

La probabilidad de hurtos mediante celulares indica que la seguridad es un asunto fundamental. Ya sea que se encargue de las comunicaciones móviles de otras empresas o de la suya, tiene que hacerse responsable de la privacidad y de la seguridad. Los hackers pueden propagar virus a través de los ce-

---

1 OFCOM: Office of Communications es el ente británico que regula las industrias de radiodifusión, de comunicación y postal. (N. de la T.)

lulares y revender los datos robados. La ley tiende a quedar rezagada ante los desarrollos de las nuevas tecnologías, por lo tanto es necesario brindar medidas de seguridad que protejan tanto a su marca como a los usuarios.

Impacto ambiental de las comunicaciones móviles

Puesto que nos vamos interesando más en el medio ambiente, impulsados por los medios y por la educación de mejor calidad que recibimos, es muy importante tener en cuenta métodos sustentables que no sean nocivos para con el entorno. Para más detalles sobre este tema, ver el Capítulo 9.

Problemas éticos y actividades de comunicación móviles

Quienes defienden la privacidad están preocupados por las posibles consecuencias de los datos y la información disponible para celulares que pueden descargarse de las redes sociales, intranets, reuniones confidenciales, etc. La posibilidad de grabar en secreto informaciones para usaarlas con fines comerciales y lucrativos no éticos, acarrea problemas. Muchos entes profesionales proporcionan códigos de conducta, tema que se discutirá más adelante.

Facebook se metió en un brete cuando tuvo la idea de usar con fines comerciales información de los usuarios, quienes no sabían que sus conversaciones estaban siendo escuchadas y analizadas. En respuesta al fuerte rechazo, rápidamente Facebook tuvo que rever sus planes. Una de las reglas principales es siempre solicitar autorización a quienes vaya a analizar. Tal como mencionamos antes, la seguridad y la privacidad de los datos en los sitios web es un tema "caliente". Se debe pensar con detenimiento qué tipo de información se recaba, cómo se lo hace y cómo se la usa, de lo contrario es probable que se vea involucrado en un problema ético.

Tome a British Airways como un ejemplo de organización y aplíquele la estructura PEST. ¿Cuáles son los temas políticos y legales que afectan a dicha empresa en la actualidad? ¿Algunos de ellos indican que deben hacerse cambios para estar de acuerdo con la situación económica actual o inminente? ¿Qué pasa con los temas sociales o culturales? Los cambios en la tecnología ¿van a afectar a esta organización? ¿De qué manera?

Cuando se hace un ejercicio como este, se nota rápidamente lo complejo que puede llegar a ser el ambiente del marketing y la enorme cantidad de cuestiones que hay que tener en cuenta. Una vez que haya practicado, trate de emplear la estructura PEST en su propia compañía.

> **Analice su situación II... Actividad 17**
> ¿Cómo detecta las amenazas y/o oportunidades futuras? Haga un listado de las fuentes/recursos que puede emplear para controlar todas las fuerzas del macroambiente. Tenga presente cada cuánto controla lo que está sucediendo, digamos, en la economía. Aliente a sus empleados a que ingresen a sitios de buena calidad desde sus celulares, por ejemplo: *Timesonline*. Luego use procedimientos para asegurarse de que lo hacen con regularidad, por ejemplo, una vez que haya descubierto una oportunidad... ¿cómo procede?, ¿qué sucede con la información que se recopila? A partir de esta información se deben generar los cambios.

El microambiente

El microambiente (Figura 5.1) abarca a las partes interesadas, dentro de la empresa u otras próximas a ella, y sobre las cuales usted tiene cierta influencia. A medida que el mundo cambia, también lo hacen las personas con las que usted interactúa. Cada uno de los cambios puede repercutir en qué comunica y cómo lo hace. El grado de influencia que uno puede ejercer varía de una a otra persona. Usted tiene la mayor influencia sobre sus empleados y (con las redes sociales) la menor sobre los usuarios.

© GRANICA

El marketing no se ocupa únicamente de satisfacer a los clientes, sino también de cautivarlos. Se trata de darles un valor agregado, calidad e innovación en esa experiencia, pero de un modo ético y socialmente responsable. Solo piense en qué le sucedió a Woolworths a principios de la década pasada. Este gigante minorista le sacó el ojo de encima a su principal cliente, cuyas necesidades estaban cambiando. La flamante competencia online ingresó al mercado y Woolworths tuvo que hacer enormes esfuerzos por adaptarse. Sufrió grandes pérdidas, lo que desembocó en el cierre de alrededor de 800 locales. Es una historia muy triste porque también era el principal proveedor de CD de los minoristas británicos, y la falta de stock en una época tan importante como la navideña hizo que quebraran varias empresas. Hoy en día Woolworths renació de sus cenizas, primero de manera online, luego ya con locales a la calle. Cuentan con un nuevo modelo comercialde negocio, y sinceramente espero que les vaya bien.

Preguntas habituales: ¿Por qué centrarse en el cliente y no hacerlo en las fortalezas esenciales de la organización? (ganadora del premio a la pregunta más larga)

Las fortalezas esenciales de la empresa ciertamente deben detectarse, y es necesario saber que:

- le dan un valor agregado al cliente;

- son difíciles de imitar;

- brindan un acceso posible a una amplia variedad de mercados;

- conectan las aptitudes internas con los recursos, como ser la tecnología.

Ahora bien, son los clientes los que adquieren sus productos a cambio de dinero. Este intercambio los une a usted y al comprador. Si el cliente tiene una experiencia positiva, le contará a sus familiares y amigos; en cambio, si es mala, es probable que se lo cuente ¡incluso a más personas! Esto se aplica ahora más que nunca con la llegada de las nuevas tecnologías. La web 2.0 fue testigo de una explosión del uso de los smartphones para acceder a sitios de usuarios (ver: www. imdb.com), blogs y redes sociales.

Los clientes también están en constante cambio y la tecnología les permite tomar de decisiones de forma más rápida y sencilla. Por ejemplo, analice el caso de los sitios web de comparación de precios como Kelkoo o Pricecompare.com. A medida que los clientes cambian, también modifican sus deseos, necesidades e intenciones; y si su empresa no se adapta, hará que ellos se sientan disgustados y se vayan a la competencia.

Dicho esto, tiene que evaluar sus fortalezas y debilidades antes de realizar cualquier cambio relacionado con el marketing. Algunas de las herramientas que puede emplear son:

- Cuadro de Mando Integral;

- Matriz BCG (Boston Control Group);

- Modelo de Competencias Centrales;

- Stakeholder Analysis (análisis sistemático de los involucrados): clientes, competencia, proveedores, distribuidores, público;

- las Cinco Fuerzas de Porter;

- las 5 M (dinero –*Money*–, hombres –*Men*–, Maquinarias, Materiales, Mercados... algunos incluyen Minutos);

- Análisis de la cadena de valor (VCA, por sus siglas en inglés).

CONSEJOS PRÁCTICOS

 Hay muchos otros textos que profundizan sobre esta clase de herramientas.

 Los asesores están a su disposición y listos para ayudarlo.

ACTIVIDAD

 Las comunicaciones de muchos a muchos, como por ejemplo las redes sociales, cada vez tienen más importancia desde el punto de vista de las comunicaciones de marketing. Mientras que estos sitios brindan diversas posibilidades, es inevitable que existan debilidades que considerar. Busque alguno de los mensajes comunicativos en las redes sociales; esto puede darle una idea de cómo difieren en el contenido y en el uso de las herramientas según el momento y las circunstancias.

CAPÍTULO 6

COSECHE CONOCIMIENTO

Cómo emplear las comunicaciones móviles como herramienta de investigación

COMUNICACIONES MÓVILES E INVESTIGACIÓN

Se le puede dar un valor agregado de verdad al conocimiento y a las decisiones que se tomen en su empresa mediante el empleo de las comunicaciones móviles como herramienta de investigación. Puede usarlas para:

- proporcionar información útil de otros colegas;

- escuchar a los partidarios, consumidores, blogueros, etc., para conocer qué opinan de su empresa, de sus marcas, de sus campañas o de sus competidores;

- probar nuevos conceptos o ideas;
- ayudar a darle forma a sus estrategias.

ESTUDIO DE CASO

Facebook y Nielsen probaron una herramienta de investigación online que mide la efectividad de los anuncios. Nielsen BrandLift colocaba encuestas "de las que uno podía participar si quería" en las páginas de inicio de Facebook de los usuarios, analizaba las actitudes que estos tenían frente a las publicidades del sitio y medía su intención de compra. La frecuencia de estos sondeos estaba controlada para evitar que los usuarios tuvieran que participar demasiado seguido. Nielsen dijo que no se recopilaría ningún dato que pudiera identificar a los participantes. Las encuestas se colocaban en los lugares donde los usuarios ven los mensajes patrocinados.

La gerente de operaciones de Facebook, Sheryl Sandberg, sostiene: "La combinación de nuestra capacidad exclusiva para realizar una encuesta rápida y efectiva sobre una parte de los más de 300 millones de usuarios que tenemos, y la experiencia de Nielsen en el análisis de datos hace que los empresarios accedan a información importante que pueden utilizar para entender y mejorar las campañas presentes y futuras. Facebook quiere convertirse en el primer lugar al que se dirijan los comerciantes que quieran atraer consumidores".

La historia comercial está repleta de ejemplos de pésimas campañas de comunicación para lanzamientos o reposicionamientos de productos que fallaron por la falta de investigación.

Realizar una investigación de buena calidad es sin dudas la mejor manera de prepararse para cualquier estrategia de comunicación de marketing que quiera desarrollarse, ya que brinda la información necesaria para tomar las decisiones que sean más apropiadas.

Coseche conocimiento... Actividad 18

Usar información de buenas fuentes reduce el riesgo y genera más certezas en la toma de decisiones. Haga un listado con las decisiones comerciales que toma a diario: es posible que algunas sean de menor importancia, y que otras tengan consecuencias a largo plazo.

¿Cuántas de sus decisiones se basaron en la intuición, en hechos pasados, fueron impuestas desde arriba o se tomaron a partir del uso de datos de calidad? Ordénelas según sean de mucha, mediana o poca importancia.

Como bien sabemos, suele presentarse una variedad de respuestas o soluciones a la hora de tomar decisiones.

INVESTIGACIÓN DE MARKETING

Uno de los primeros factores a tener en cuenta es que el término "investigación de marketing" es muy amplio y abarca muchos "tipos" de investigación, como ser:

- Análisis de mercado: puede hacer hincapié en las características fundamentales del mercado real en donde se opera (el mercado, su tamaño, su volumen o su valor). Es muy útil, en especial cuando se contempla el ingreso de la marca a nuevos mercados.

- Análisis del producto: el producto, sus características o su conveniencia. Se suele utilizar durante el desarrollo de nuevos productos. También puede emplearse para contrarrestar los problemas que puedan llegar a surgir, por ejemplo: caída en la participación de mercado. Los terceros, como las escuelas de negocios o los asesores, pueden minimizar las consecuencias políticas.

- Análisis de distribución: dónde deben venderse los productos o dónde el cliente desea adquirirlos.

El móvil marketing realizado en las redes sociales representa el nuevo marketing de búsqueda, ya que permite que los comerciantes se conecten con los consumidores a gran escala. Cada vez con más frecuencia, los comerciantes consideran las redes sociales como el lugar en donde hacer su publicidad dirigida a su público objetivo, ya que cuenta con cientos de sitios y millones de usuarios en todas partes del mundo.

Es fundamental que comprenda verdaderamente a dónde dirige su investigación, qué información necesita y qué problema está tratando de resolver. Incluso cuando cuente con los recursos y decida contratar a una agencia para que se encargue de hacer la investigación de marketing, debe entender el proceso que tiene que cumplir dicha investigación. ¿Por qué? Porque tiene que saber cómo reaccionar ante los datos una vez que los tenga en sus manos.

La investigación, por naturaleza, es sistemática y a menudo sigue un enfoque lógico (Figura 6.1).

FIGURA 6.1. Proceso de investigación de marketing sistemático

Sea lo más específico que pueda respecto del problema que quiere abordar. Esto es fundamental, ya que es el centro del proyecto de investigación. Si el tema por investigar es demasiado amplio, tendrá que hacer un gran esfuerzo para recabar datos útiles. En cambio, si es demasiado limitado, es posible que omita información esencial. Es importante determinar desde el principio si se necesita información cualitativa o cuantitativa, o quizá ambas, lo que en realidad suele ser lo más adecuado. Sin embargo, esta elección depende de su problema y de los objetivos de la investigación.

Análisis cuantitativo

Se refiere a los datos numéricos recopilados con los que se harán estadísticas para analizar. Suelen buscarse cuando se necesita una respuesta representativa de un universo de grandes proporciones.

ESTUDIO DE CASO

Cuando la empresa de sondeos Ipsos Mori realiza investigaciones para anticipar cómo serán las elecciones generales del Reino Unido, suele utilizar datos cuantitativos que representen a todos los votantes. Lo que suele hacerse es encuestar a una muestra de 1.500 a 2.000 posibles votantes y así se obtienen resultados con una exactitud del 3% (+/-). Cuando se trata de algo muy reñido, un 3% no resulta lo suficientemente exacto y es necesario contar con un universo mucho mayor o bien triangular los resultados que se haya encontrado con otros sondeos. Hoy en día, las encuestas telefónicas son la forma más frecuente de realizar sondeos políticos, y luego se hacen más investigaciones a través de celulares.

Análisis cualitativo

Se refiere a la recopilación de datos "secundarios", basados en actitudes, opiniones, sentimientos o percepciones de la gente. Con frecuencia la forma en que nos sentimos representa una fuerza mayor que lo que pensamos de forma lógica. El análisis cualitativo suele emplearse para determinar las sensaciones de los consumidores sobre los nuevos productos o servicios.

ESTUDIO DE CASO La investigación no tiene que ser grande. Twitter permite que se realicen estudios en tiempo real; por ejemplo, un empresario vitivinícola organizó una cata en varios lugares y les pidió a los catadores que twitearan lo que les había parecido cada vino. Luego, el empresario analizó los resultados, los cuales contaban con abundantes detalles y le proporcionaron unos comentarios muy útiles.

En general, los investigadores tienden a recopilar datos secundarios más que primarios, porque estos ya existen. Las fuentes pueden ser internas, es decir, informes de la propia empresa, o externas, por ejemplo, publicaciones gubernamentales o guías. Internet permite realizar estudios secundarios en una escala mayor que nunca, aunque ese tamaño representa un problema, ya que cálculos recientes indican que hay 65 mil millones de páginas en la web. Las desventajas de los datos secundarios son que no responden específicamente al motivo de investigación ni tampoco están actualizados ni son precisos. Sin embargo, pueden dejarle la sensación de encontrarse en la senda correcta.

Además, los datos secundarios son rentables (porque ya existen), se los puede recopilar relativamente rápido y no es necesario ser un investigador experimentado para reunirlos o usarlos. No obstante, el empleo de datos secundarios solo le mostrará qué ocurre ahora, y tal vez necesite datos específicamente dirigidos a la solución de sus problemas y a los objetivos de la investigación, los cuales reunirá por primera vez (también conocidos como "datos primarios"). Los datos primarios son específicos, relevantes, oportunos y, si se los recogió y analizó de la forma adecuada, precisos.

Técnicas o métodos para recopilar datos

Existen diversas formas en las que se puede reunir datos primarios a través de la tecnología móvil. Estas requieren diferentes grados de aptitudes de acuerdo con la variedad de métodos existentes. Los más comunes, en lo que respecta al análisis del consumidor, son los cuestionarios, que son cuantitativos, y los grupos focales y entrevistas, que son cualitativos.

Los cuestionarios son muy útiles si se necesita reunir datos de gran cantidad de personas. Debe encuestar a un universo que sea representativo de los destinatarios. Siempre tenga presente que a cuantas más personas interrogue de su público objetivo, mayor será el grado de precisión que tendrán los resultados; no obstante, puede representar un obstáculo no contar con los recursos necesarios. Los cuestionarios pueden administrarse de diversas maneras:

- cara a cara, ya sea que usted llene el formulario o que lo entregue al encuestado para que lo complete;
- por teléfono (celular o fijo);
- por correo;
- por correo electrónico;
- online, por ejemplo, mediante menús desplegables.

Las entrevistas en profundidad son un modo útil de recopilar datos cualitativos de naturaleza delicada. Solo requieren de un encuestado, y el entrevistador puede realizar preguntas que impliquen respuestas, sensaciones, opiniones, etc. Tradicionalmente se considera que las encuestas son costosas, pero a menudo los resultados justifican la inversión. Ahora bien, los smartphones (que cuentan con funciones de audio y vídeo) se utilizan cada vez más para entrevistar a personas que se encuentran en lugares remotos. Un desarrollo futuro será el uso de videoconferencias a través de smartphones, lo que permitirá que se entreviste a grupos de personas al mismo tiempo.

Parcialidad

Cada técnica tiene sus fortalezas y sus debilidades, por eso es indispensable que las reconozca para evitar la parcialidad, que es el flagelo de toda buena investigación. Debe tener en cuenta la sensibilidad tanto del encuestador *como también* la del encuestado. Por ende, es preferible que algunas preguntas no se formulen cara a cara, una buena opción es a través del teléfono celular.

ESTUDIO DE CASO Lo siguiente se extrajo de un boletín de investigación de Market Research Society (MRS): "Una lección sobre la importancia del léxico utilizado en los cuestionarios. Según una encuesta conjunta de la CBS y el *New York Times*, el 70% de los estadounidenses están de acuerdo con que los 'gays y lesbianas' participen del servicio militar. Sin embargo, cuando se les pregunta por los 'homosexuales', su respuesta es otra: solo el 59% concuerda con que participen. El equipo de Obama, sin dudas, está buscando la forma de sacar 11 puntos en la votación sobre cualquier otro asunto con solo reordenar las palabras".

Recuerde: los datos sin procesar no equivalen a información. Una vez que los haya recopilado, debe analizarlos. Los datos cuantitativos son más sencillos de analizar ya que se adaptan bien al análisis estadístico, a las hojas de cálculos o a los meros gráficos. Los programas como SPSS pueden servirle para llevar adelante análisis complejos que contengan gran cantidad de información. Los datos cualitativos también deben ser analizados para identificar temas y tendencias. Por lo general, no es suficiente con citar unas pocas frases que dijeron los encuestados.

Puede estar seguro de que el conocimiento adquirido mediante un estudio bien diagramado puede solamente fortalecer la posición de su empresa, así que no se sorprenda si otros también están interesados en esos resultados. Esfuércese en hacer que el informe se destaque. Un error frecuente es que los investigadores y comerciantes hagan que el informe les resulte muy sencillo a ellos y no al lector. Conviértalo a un formato que pueda verse sin problemas desde un celular, por ejemplo PDF.

Marketing ético: marketing de permiso, entre otros

La investigación de marketing está en el corazón de la mayoría de las decisiones que se vayan a tomar al respecto. Para seguir siendo competitivo, innovador y atractivo al cliente, debemos hacer que nuestros productos, servicios y organizaciones evolucionen constantemente. La investigación de marketing es fundamental para contar con los datos y la información que nos ayude a tener éxito en lo que hacemos.

> **Coseche conocimiento... Actividad 19**
> Descargue el Código de Conducta de MRS (ingrese a http://www.mrs.org.uk); allí encontrará una valiosa idea sobre cómo llevar adelante una investigación, así como orientaciones para realizarla de un modo ético.

Nunca se insistirá demasiado en esto: usted *debe* poder identificar a sus clientes más importantes y valiosos; realizar un estudio sobre fidelidad electrónica puede ayudarlo en eso. En la comercialización B2B, una de las mayores satisfacciones es encontrar un cliente pequeño y luego transformarlo en uno fundamental. ¿En qué categoría entraría este cliente emergente? Además, en la actualidad el ambiente del marketing está cambiando a tal ritmo, que muchos de los antiguos rótulos resultan demasiado estáticos.

CONSEJO PRÁCTICO

Quienes como nosotros hace muchos años que tratamos con clientes, agregaríamos que la fuerza de ventas es un recurso muy valioso.

PREGUNTAS Y ACTIVIDAD

Antes que nada, pregúntese lo siguiente:
- ¿Quiénes son los clientes más valiosos con los que cuenta actualmente?
- ¿Quiénes lo serán dentro de 18 meses?
- ¿Y dentro de tres años?

Los resultados deberían decir mucho acerca de su dirección estratégica, por no mencionar a su equipo de ventas. Estas simples preguntas deberían informarlo sobre su estrategia online (y también su estrategia fuera del mundo virtual).

CAPÍTULO 7
FOMENTE EL CRECIMIENTO

Antes de la aparición de la web 2.0, los compradores contaban con opciones limitadas para conocer sus servicios y/o productos. En gran parte, esto hizo más fácil el trabajo de los comerciantes a medida que creaban marcas descendentes (*top-down*) a través de los medios masivos de comunicación, como la publicidad comercial, los comunicados de prensa y las tácticas dirigidas como el correo directo.

COMUNICACIONES MÓVILES Y CÓMO ENTABLAR MEJORES RELACIONES

La llegada de las comunicaciones generadas por el usuario modificó el énfasis (de simplemente cerrar el acuerdo) y pasó a ayudar a que los consumidores tomaran decisiones antes de tomar la decisión de la compra en sí. Las empresas deben adoptar un enfoque más centrado en el cliente si quieren vender en vez de hablar. Es el momento más emocionante de la historia para fundar y hacer crecer una empresa, y usted puede sacarle provecho a esta situación siempre y cuando reconozca de qué manera cambió el rol de los clientes y que es necesario darles un valor agregado. Responda esto: en la actualidad, ¿está tratando de vender lo que cree que ellos quieren? ¿O intenta descubrir qué información necesitan los consumidores para tomar mejores decisiones?

El proceso de toma de decisiones

FIGURA 7.1. Proceso de toma de decisiones de los consumidores o B2C (*business-to-consumer*)

Históricamente, las campañas de comunicación de marketing buscaban alentar a los clientes a que adquirieran productos, es decir, perseguían cerrar el negocio. Con frecuencia, los comerciantes solo hacían un listado con las características del producto sin ahondar en sus beneficios, ni se molestaban en explicar de qué manera podrían ayudar a resolver los problemas de los clientes. Antes de la existencia de la web 2.0, esto hubiera sido suficiente, pero hoy en día los consumidores online esperan mucho más que la tradicional transacción, quieren servicio, formalidad, personalización del sitio web, facilidad de uso y diversión... La emoción de la subasta es uno de los elementos fundamentales en el modelo comercial de eBay.

Tenga en cuenta que el tiempo dedicado a las distintas etapas difiere según si la compra es de rutina o si es algo con un riesgo mayor donde si algo sale mal las consecuencias serán a largo plazo. Cada etapa del proceso de toma de decisiones presenta una oportunidad para que los clientes (actuales o futuros) busquen opiniones o consejos en blogs, foros, redes sociales y/o sitios de comparación.

Fomente el conocimiento... Actividad 20

Su organización puede emplear comunicaciones móviles para entablar el diálogo y que de ese modo los clientes tomen la decisión adecuada... o sea: ¡que adquieran sus bienes y servicios! Esto significa comunicarse con otros involucrados que tengan influencia sobre el "comprador". Por medio de la Figura 7.1, identifique en dónde puede ejercer una mayor influencia con las herramientas de comunicación. Pídales a sus representantes de ventas que utilicen dicho modelo con los clientes; le dará una visión mucho más amplia y será capaz de dirigir mejor sus comunicaciones de marketing.

Unidad de toma de decisiones o DMU

Quienes participan en la unidad de toma de decisiones son:

- iniciador;
- decisor;
- comprador;
- usuario;
- influyente;
- guardián.

Los involucrados interactúan, y se influyen recíprocamente... a veces se dan energías unos a otros y a veces se ponen límites. En el ámbito de las PYMES, las distintas partes interesadas pueden tener múltiples escenarios, por ejemplo: el iniciador y el usuario. Luego de la llegada de la web 2.0, la unidad de toma de decisiones sigue teniendo vigencia, sin embargo, los participantes no solo ocupan distintos roles, sino que a menudo colaboran en los debates online mediante un foro (o, en realidad, muchos foros), blogs, redes sociales o sitios de comparación de precios. Otra complicación es que estos involucrados pueden usar varios canales de medios al mismo tiempo; a dichas personas se las conoce como *multi-taskers*.

Fomente el conocimiento... Actividad 21

Siguiendo con la Actividad 20, identifique a quienes intervienen en la unidad de toma de decisiones y el modo en que usted puede ejercer influencia con las herramientas de comunicación móvil. Pídales a los representantes de ventas que le indiquen cuáles son los clientes clave. Recuerde que las diferentes partes interesadas quieren información distinta, por ejemplo: algunos suelen buscar datos técnicos.

Satisfacción del cliente

Como el intercambio une a proveedores con clientes, se forman relaciones, y usted necesita fomentar el desarrollo de la relación inicial para averiguar lo más que se pueda sobre las necesidades de los clientes. En palabras simples: si les da a los clientes lo que desean, volverán a adquirir sus bienes y/o servicios. Atender a sus clientes actuales es mucho más barato que captar nuevos; por lo tanto, la satisfacción al cliente aumenta la cantidad de ventas y la rentabilidad, al igual que la cuota de mercado.

Un cliente conforme no solamente suele regresar, sino que tiende a comentar a sus familiares, amigos y colegas el buen servicio que ha recibido. Por el contrario, si su experiencia fue mala, se lo contará ¡aún a más personas! Es probable que ahora comprenda mejor la necesidad de pasar de las transacciones únicas al manejo efectivo de las relaciones a largo plazo con los clientes.

El boca a boca digital

Como vimos, el boca a boca es la forma de promoción más fuerte y ahora mutó a una versión digital en las redes sociales. Si su marca obtiene mala fama, el comentario puede dar la vuelta al mundo en cuestión de segundos. Tiene que pensar que sus clientes (actuales y futuros) realizan búsquedas online, en especial en las redes sociales en donde pueden leer comentarios "imparciales" de sus iguales antes de efectuar la compra; por lo tanto, un enfoque descendente es cada vez menos adecuado. Promocionar su empresa en las redes sociales puede contribuir, junto con una buena red de comentarios boca a boca, a lograr un método "*pull*" personalizado, que aliente a los usuarios a participar activamente.

ESTUDIO DE CASO

A principios de 2009, Innocent Smoothies vendió el 20% de sus acciones a Coca-Cola y provocó una tormenta en los medios inspirada en las redes sociales. Durante 10 años, Innocent recibió críticas positivas por sus prácticas, por ejemplo, la de utilizar materiales orgánicos y hacer donaciones a obras de beneficencia. A pesar de este valor de marca positivo, no pudo evitar que se publicaran cientos de comentarios negativos en su sitio web. Aunque no se puede tener a todos contentos al mismo tiempo, el poder de los blogs y de las redes sociales, junto con otros medios como los diarios tuvieron consecuencias que debían manejarse. Innocent les escribió a sus clientes: "Seguimos siendo nosotros, y hacemos los mismos productos de la misma manera. Todo lo que representa Innocent se mantiene".

Utilizar una plataforma móvil para obtener clientes

Tiene que hacer que a los visitantes les sea fácil conectarse, ya que es muy probable que si tienen dificultades jamás vuelvan a aparecer.

Fomente el crecimiento... Actividad 22

Diseñe sus comunicaciones móviles para que llamen la atención (de los potenciales clientes) al dar una impresión favorable. Descubra cuáles son sus intereses. Cerciórese de que sus productos les provoquen algún deseo en ellos, haga que resulten divertidos u ofrezca contenido gratuito al principio. Luego, proporcione la información necesaria para que los posibles clientes tomen la decisión adecuada, o sea que realicen la acción de adquirir los productos de su empresa.

El siguiente paso es transformar a los clientes que compran por primera vez en habituales. No olvide que es considerablemente más barato venderles más a los clientes que ya tiene, que adquirir nuevos. Debe analizar cuál es el enfoque de su empresa para tratar que los clientes actuales se conviertan en clientes online (ver Figura 7.2). Esto depende de cuál sea su punto de partida, es decir, si su oferta es tradicional y/o adaptable a Internet.

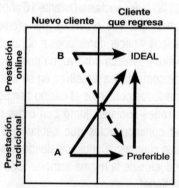

FIGURA 7.2. Enfoques para el marketing relacional

Supongamos que su empresa convirtió un posible cliente en uno real, de manera tradicional (A) u online (B). La primera transacción (A o B) está llena de riesgos y usted debe asegurarse de que todo se haya hecho para que "salga bien desde el principio". Con el tiempo, después de que le hayan realizado varios pedidos, pasarán por alto los errores; pero al principio, cuando los clientes son nuevos, es fácil que los espante. Recuerde que la reacción ante los errores dice mucho más de su empresa que cuando todo sale bien.

Además, no todas las circunstancias de los clientes que regresan son iguales ya que sus costos probablemente sean mucho menores cuando se comercia online. Ser pragmático significa que es "Preferible" hacer que los clientes regresen de cualquier manera, en lugar de contar con transacciones únicas (por eso la línea de puntos desde B hasta Preferible). En última instancia, ya sea mediante uno (de A o B a Ideal) o muchos desplazamientos (de A o B a Preferible y a Ideal), tendrá la oportunidad de llevarlos hacia la posición "Ideal", donde ellos se sentirán felices de comprar por medio de Internet y usted disfrutará de márgenes mucho mayores.

Algunos de los pasos prácticos a seguir son:

- Dividir los contactos según si usan mucho o poco el smartphone, o sobre la base de intervalos de tiempo, buscadores de información, etc.

- Dirigir sus comunicaciones móviles a usuarios según el momento del día con mensajes tales como "la liquidación finaliza a las 9 pm".

- Usar el Bluetooth para destacar ofertas cuando el usuario, una vez obtenido el permiso, esté próximo al local del distribuidor.

- Enviar mensajes en el momento del día en que los clientes sean más influenciable, por ejemplo: a la hora en que

121

salen del trabajo recuérdeles que pasen por su negocio antes de volver a sus hogares.

- Redactar mensajes breves que sean fáciles de leer en el celular.

- Proporcionar avisos, vales electrónicos y boletines de forma regular (digamos, mensuales...); deben ser adecuados para los ordenadores, pero también que puedan verse en los dispositivos móviles.

- Colocar un enlace entre sus comunicaciones móviles y sus otras comunicaciones de marketing, por ejemplo: determinar si a veces ingresan al correo electrónico a través de sus celulares. Procure segmentar sus correos con mayor precisión para dirigirse a quienes leen e-mails desde el celular como un grupo distinto.

e-CRM

Para algunos, la administración basada en la relación con los clientes (CRM, por sus siglas en inglés) es la solución de varios problemas de marketing, mientras que para otros no es más que la causa de varios de sus problemas. En pocas palabras: contar con una enorme base de datos de contactos no garantiza nada. En vez de eso, la CRM puede ser la plataforma desde donde usar sus comunicaciones móviles para atender y fomentar clientes a lo largo de toda su vida en vez de circunscribirlo a lo que dure una sola transacción. Esto tiene un gran sentido comercial porque los clientes actuales son, en promedio, de 5 a 10 veces más rentables.

Chaffey (http://www.davechaffey.com) afirma que la e-CRM está llena de principios fundamentales de sentido común; por eso llama la atención que muchas empresas no los apliquen. A quienes constantemente hacemos hincapié en el cliente no

---

Fomentar el crecimiento... Actividad 23

Una buena administración basada en la relación con los clientes puede traer enormes beneficios. Para más información y para acceder a informes técnicos de gran utilidad, dése una vuelta por el sitio CRM Today (http://www.crm2day.com).

---

nos sorprende que muchas empresas hagan un mal uso de la información. Los usuarios de sitios como Facebook producen enormes cantidades de datos y es necesario saber manejarlos para transformarlos en información eficaz y eficiente, y así poder adoptar decisiones inteligentes. Por lo tanto, los programas de CRM sin lugar a dudas tienen algo que ofrecer... aunque no reemplazan a la auténtica comprensión de los clientes.

La Gestión de la Satisfacción del Cliente (CSM) es un enfoque distinto que se presta al comercio móvil. A medida que los clientes cambian, también lo hacen sus deseos, sus necesidades, sus requerimientos, y sus necesidades informativas. Si su empresa no se adapta a ellos, es probable que empiece a no satisfacerlos, y que la competencia lo supere en clientela. Por lo tanto, no alcanza con amasar una enorme base de datos, tiene que servir para asegurarse de que la información que le proporcionan sea lo suficientemente buena para que respalden sus decisiones y la gestión del conocimiento.

Valor agregado: ¿mito o realidad?

Hoy más que nunca las comunicaciones móviles brindan la posibilidad de conocer qué piensan los consumidores, al igual que las redes y comunidades de usuarios, los potenciales clientes, los amigos, los colegas e incluso los familiares. Las marcas ya no pueden ordenarles qué hacer a los clientes si buscan promover un marketing de fidelización orientado a las comunidades. Ante este panorama, una pregunta fundamental que *debe* plantearse es: "¿En dónde otorga valor agregado mi empresa?".

¿El valor agregado se da de manera interna o en la percepción del cliente (lo que en definitiva es el único valor agregado que importa)? Quizá necesite reflexionar sobre un asunto clave: "¿Quién proporciona el conocimiento: aquellos que participan en el microambiente o los clientes?". Si responde mal, puede que su empresa desperdicie fondos esenciales. En el caso de sitios en tiempo real en donde se hacen comunicaciones móviles, como por ejemplo Twitter, esta información quizá se evapore antes de que tenga tiempo de reaccionar, por eso tal vez necesite modificar su forma de controlar el ambiente.

Valor del tiempo de vida del cliente (LTV)

Desde la llegada de la web 2.0, los usuarios vienen generando contenido, gran parte de él relacionado con bienes y servicios. A diferencia de las antiguas épocas del marketing cuando simplemente se creaba una marca y se promocionaba el producto (¡sin importar si los clientes se enteraban o no!), ahora se espera que construya relaciones con los consumidores al comunicarse con (en vez de comunicarles a) ellos. No alcanza con solo satisfacer a los clientes, ahora debe comunicarse con sus comunidades.

No podrá controlar todos los aspectos del proceso comunicativo (imagine arrear gatos o hacer malabares con hollín y se dará una idea), sin embargo, los beneficios para todas las partes involucradas están a la vista. Sus clientes son más felices porque quieren ser escuchados; usted es más feliz porque puede utilizar los comentarios que hagan para adaptar su prestación de servicio: ¡todos ganan!

Cada vez con más frecuencia los usuarios acceden a redes sociales como Facebook y Twitter a través de una plataforma móvil. Estos sitios son los foros perfectos para el diálogo. Muchas empresas lo hacen muy mal, entonces tenemos lo que Chaffey (http://www.davechaffey.com/) describe como una oportunidad dorada para que la CRM integrada obtenga una ventaja competitiva. Por lo tanto, todo lo que tiene que hacer es prepararse para observar el valor del tiempo de vida del cliente o LTV –por sus siglas en inglés– (es decir, la suma de lo que ellos aporten a la empresa a lo largo de un prolongado período) en lugar de una única transacción.

> Digamos que un cliente gasta 100 libras esterlinas todos los meses. ¿Lo consideraría como una transacción de £ 100 o como unas posibles £ 12.000 en los próximos 20 años? Cada vez que interactúe con el cliente, imagine que £ 12.000 dependen de la prestación de su servicio y todo su enfoque se encaminará hacia el marketing relacional.

Emplear un enfoque LTV hará que aumenten sus probabilidades de satisfacer a sus clientes. Ahora bien, la lealtad no es lo mismo que la satisfacción, por eso tiene sentido tener en cuenta los pasos a seguir para mejorar la fidelidad online.

Lealtad en Internet

Ellen Reid-Smith (2009) recomienda seguir un proceso de consulta sobre lealtad en Internet de siete pasos, como el que se muestra a continuación:

1. establecer con claridad las metas y los objetivos de la lealtad en Internet;
2. identificar a los clientes más valiosos (MVC, por sus siglas en inglés) y cuáles son los motivos que los impulsan a ser leales;
3. desarrollar una estrategia para crear un diálogo inteligente con los clientes;
4. diseñar un sitio web que se ocupe de satisfacer aquello que impulsa la lealtad de los clientes más valiosos;
5. ejecutar un programa de lealtad en Internet para los clientes más valiosos;

6. persuadir a los clientes y entablar una relación con ellos;

7. crear herramientas de medición y calificaciones.

En gran parte, estos pasos se basan en el sentido común, aunque la teoría y la práctica no son lo mismo. El truco es persuadir a los clientes para que deseen entablar una relación, lo que solo se consigue mediante un diálogo constante (ver Figura 1.1). Debe vender los beneficios, no solo un listado de las características; por desgracia, esto sucede muy a menudo. A los clientes les interesa saber cómo usted puede ayudarlos a resolver sus problemas. Su éxito se reduce en aplicar este enfoque centrado en el cliente, y él necesita contar con el respaldo de las cúpulas directivas de la organización.

Defensores

Hemos visto de qué manera los líderes y los formadores de opinión podían tener un papel clave en las comunicaciones de marketing. Esto es insignificante comparado con el uso de las comunicaciones móviles para permitir que los clientes se conviertan en defensores de su empresa (ver Figura 7.3). Se sabe cuándo realmente se está velando por la satisfacción del cliente y cuándo se empieza a "vender" los beneficios de su empresa a sus amigos, familiares y colegas.

Los defensores promocionan sus bienes y servicios sin obtener ninguna ganancia por ello. Cuando alguien a quien se respeta y/o le importa pondera las virtudes de un producto, se presta más atención que si fuera el fabricante quien dijera exactamente lo mismo. Esta comunicación "no dominada por los comerciantes" es lo mejor que hay desde el punto de vista del marketing.

Es similar a la de los líderes de opinión, salvo que los defensores tienen aún más peso, ya que han adquirido los productos con dinero de su propio bolsillo; en otras palabras: se han arriesgado. Además, están actualmente relacionados con los miembros de su misma comunidad y pueden impulsar sus ventas y sus ganancias, al mismo tiempo que mejoran la captación y retención de los clientes, sin mencionar el ánimo de su personal.

FIGURA 7.3. Espectro de las relaciones de marketing. Adaptado de Piercy (2009)

Asociados

Si utiliza intermediarios en los canales, debe considerarlos como si fueran asociados a su empresa. El tiempo y los recursos significan invertir en el desarrollo y fortalecer las relaciones. La confianza y la responsabilidad deben ser el centro de las relaciones a largo plazo; sin embargo, si decide diseñar y usar un canal unidireccional o bidireccional, a toda costa deben evitarse los conflictos.

Comunicaciones móviles, marketing interno y creación de relaciones

La noción de marketing interno fue introducida en el Capítulo 4. El marketing interno (ver Figura 4.1) es un concepto consolidado que a menudo suele aplicarse mal. Para que sea efectivo, es necesario contar con el compromiso de los altos directivos, lo que por desgracia no siempre sucede. Debe convencer a sus colegas de los beneficios que traen los cambios o bien mostrarles el panorama de lo que sucede cuando se superan las expectativas del cliente, además de satisfacerlas. Las comunicaciones móviles pueden colaborar con la promoción del marketing interno ya que permiten la retroalimentación instantánea en cuanto a si los clientes internos "compran" sus comunicaciones y qué influye en este proceso.

Cada comunicación representa una oportunidad para mostrar a la empresa desde su mejor (o peor) perfil. Entender cuáles son las necesidades de los clientes internos y centrarse en lo que más les interese es toda una señal. Ahora bien, no todos los involucrados son iguales, por eso debe estar atento al impacto que puedan tener sus comunicaciones. Por supuesto, es necesario ser cuidadosos a la hora de comunicarse con los participantes internos. A pesar de las diferencias entre los involucrados, todos son capaces de provocar problemas que necesiten soluciones efectivas.

CONSEJO PRÁCTICO

Comprender mejor cuáles son los motivos por los que la gente opta por su empresa le dará una visión más amplia para entender la forma en que los involucrados reaccionan ante sus comunicaciones y puede proporcionarle información y recursos útiles para facilitarle la toma de decisiones.

PREGUNTAS

Formúlese las siguientes preguntas: ¿Por qué trabaja de la forma en que lo hace? ¿Por qué asiste a determinadas reuniones? ¿Qué adquirió de sus interacciones con otros colegas? ¿Aprendió algo nuevo? ¿Qué influencia tuvieron las reuniones realizadas? (si es que existió alguna) ¿Cómo compara sus relaciones internas con las externas? ¿Se comunica de forma diferente? ¿Pueden usarse las comunicaciones móviles para mejorar las comunicaciones internas?

CAPÍTULO 8
ADOPTE LA COORDINACIÓN

Recuerde que las herramientas de comunicación de marketing (Figura 3.2) no significan nada por sí solas. En lugar de eso, necesitan fusionarse para poder contar con un mejor respaldo al transmitir su mensaje a sus clientes. La elección de las herramientas repercute directamente en la efectividad de otras herramientas de gestión.

IMPLICANCIAS PARA LOS EMPRESARIOS

Para ilustrar esto, tengamos presente el uso de las comunicaciones móviles durante el ciclo de vida del producto (ver Figura 2.2). No olvide que la vida de los productos es cada vez más corta y, cuando esté por lanzar nuevos, su empresa necesitará penetrar en el mercado tan rápido como sea posible. No hay mucho tiempo para recuperar los costos iniciales, lograr un equilibrio y empezar a generar ganancias. Además, cada producto es diferente, al igual que su ciclo de vida. Por lo tanto, las posibilidades que brindan las comunicaciones móviles son casi infinitas, pero veamos los tres escenarios que se describen en la Figura 2.2.

Zona A. Su empresa gasta dinero en desarrollar y probar el producto antes de lanzarlo. En este caso, realice un estudio móvil entre los posibles clientes o usuarios de los modelos existentes. Tenga en cuenta que un mero mensaje de texto o un tweet no tiene gran importancia, pero ellos en su conjunto pueden analizarse y proveernos de información valiosa.

Si es un producto de gran valor, debe dirigirse a los formadores de opinión para que informen a los visionarios. Puede conjugar el estudio con una campaña de intriga (*teaser*) móvil para difundir el producto mientras sigue investigando.

Zona B. Su producto fue lanzado con éxito y usted desea que siga creciendo a gran velocidad para recuperar la mayor cantidad de sus costos de investigación y desarrollo. Puede usar Twitter o generar una campaña móvil que sirva de puente entre los clubes de usuarios. En cualquier caso, debe buscar testimonios que expliquen los beneficios que tuvieron con el producto.

Debe intentar generar una retroalimentación positiva a través de los medios masivos y también informar a su base de clientes, es decir, a aquellos que están junto a usted desde hace mucho tiempo. Podría simplemente realizar publicidades, pero es algo caro y tiene un impacto menor ya que las personas esperan que hable de las bondades de sus propios productos. Es decir, a la gente le encantará escuchar la palabra de clientes reales o de otros formadores de opinión.

Zona C. Es lógico buscar que las ventas se mantengan en el área de madurez al nivel más alto que se pueda durante la mayor cantidad de tiempo posible. A este proceso se lo conoce como extensión del área de madurez, y hay diversas técnicas de comunicación móvil que lo ayudarán a conseguirlo. Para explicar lo confiables que son sus productos debe recurrir al uso de RRPP. Recicle los comentarios positivos de organizaciones tales como Which?, redes sociales, foros de usuarios, sitios de comparación, entre otros. Si, en la medida de lo posible, quisiera usarlos para entrar en los medios masivos, tal vez deba analizarlo desde otra perspectiva.

Adopte la coordinación... Actividad 24

Dibuje el ciclo de vida de uno de sus productos y luego siga los consejos anteriores. ¿Dónde puede emplear sus comunicaciones móviles y otras herramientas de su mezcla ampliada de comunicaciones de marketing para contactarse con los involucrados principales? ¿Qué herramientas pueden generar retroalimentación? ¿Cuáles pueden ayudar a tener una mayor difusión, entre otras cosas?

SISTEMAS

El profesor Malcom McDonald señala, en su excelente libro *Malcolm McDonald on Marketing Planning* (2008), que en el Reino Unido el marketing ha sufrido un retroceso en los últimos diez años. Creo que se debe a que las empresas se centran demasiado en sí mismas y así como en tener "sistemas" que no le dan un valor agregado al cliente. Veamos lo relacionado con los sistemas con más profundidad.

Una empresa está compuesta por distintos sistemas que interactúan con los demás y con sus respectivos ambientes; por ejemplo, los sistemas de CRM. Su éxito depende de lo bien que se comuniquen e interactúen con los ambientes internos y externos (ver Capítulo 5). No lo sorprenderá que muchos directivos protejan sus sistemas con recelo y que carezcan de una perspectiva global. Sin duda alguna, demasiados empresarios se centran en el proceso o en los sistemas cuando deberían hacerlo en el cliente. Esto quizá sea por la naturaleza de los empresarios de la actualidad que trabajan con un ritmo agitado y gran parte de lo que hacen carece de estructura, planificación y coordinación. Debe cerciorarse de que su cúpula directiva pueda enfrentarse a la naturaleza fragmentada y agitada del ambiente empresarial contemporáneo. Un modo de respaldar a los directivos consiste en mejorar la planificación de marketing.

PLANIFICACIÓN DE MARKETING

McDonald afirma: "El propósito de la planificación de marketing y su principal punto de atención es la identificación y la creación de una ventaja competitiva". Si la ausencia de planificación de marketing representa un problema importante en su empresa, le recomiendo fervientemente que lea a McDonald. Mientras tanto, en este capítulo veremos cómo la plataforma móvil puede respaldar su planificación de marketing (Figura 8.1).

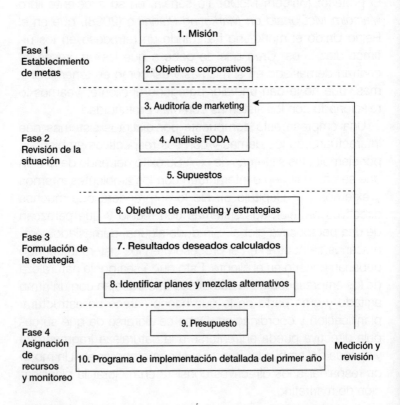

FIGURA 8.1. Plan de marketing. Adaptado de McDonald (2008)

Lo fundamental es mirar lo más adelante que se pueda con sensatez. Como vimos, los ciclos de vida de los productos se terminan y tal vez necesite una planificación para 18 meses en vez de para 3 a 5 años que se suelen asociar con las decisiones "estratégicas".

Análisis de brecha

La parte más complicada quizá sea ¡determinar por dónde empezar! Una forma habitual para averiguarlo es hacer un análisis de brecha. En este análisis, se ilustra dónde se encuentra su empresa en la actualidad y se pronostica en dónde se encontrará luego de cierto período de tiempo. Si el pronóstico es simplista y el objetivo resultante inalcanzable, tendrá problemas. Muy a menudo el objetivo de ventas es una lista de deseos: "es en dónde necesitamos estar". Las empresas de mayores dimensiones suelen medir el éxito según su facturación, pero es preciso tener cuidado. Si sus ventas aumentan en un 50% en tres años, es probable que usted esté encantado con ello; sin embargo, si el mercado crece en un 100% durante el mismo período, está ante un problema: habrá perdido una cuota de mercado frente a sus competidores, lo cual puede tener consecuencias dramáticas. Incrementar las ganancias suele ser bueno, pero aumentar la cuota de mercado siempre es mejor.

Quizá opte por medir el éxito con otros parámetros, como el conocimiento de la marca o la satisfacción del cliente. Estos pueden medirse pero se necesitan ciertas aptitudes y tal vez desee utilizar una plataforma móvil de investigación como vimos en el Capítulo 6. Para alcanzar los objetivos es necesario eliminar las brechas, lo que puede lograrse reviendo las posibilidades con las que cuenta de su empresa. Las brechas operativas pueden disminuirse si se mejora la productividad, se reducen los costos o se aumentan los precios. Todo esto conduce a lo antes visto sobre la extensión de la etapa de madurez del ciclo de vida de los productos, donde se busca estimular las ventas o encontrarles usos alternativos a los productos existentes.

Planificación de escenarios

Un plan de marketing exitoso también contempla los problemas que puedan ocurrir y realiza los preparativos adecuados para lidiar con ellos si hubiera necesidad. Este es un factor central en la capacidad de reacción ante los cambios que tiene una empresa mediante la planificación de supuestos que no suceden, y de la identificación de las estrategias que alivien el impacto de tales supuestos incumplidos y aún así poder lograr objetivos financieros. Suponiendo que ya sabe en dónde quiere estar, la siguiente decisión que debe tomar es cómo hacer para llegar hasta allí. Las etapas de la Figura 8.1 pueden resumirse como sigue:

1. establecimiento de objetivos: declaración de la misión y objetivos corporativos;

2. revisión de la situación;

3. formulación de la estrategia;

4. asignación de recursos y monitoreo.

Veamos brevemente cada una de estas etapas.

1. *Uso de la declaración de la misión y de los objetivos para establecer metas posibles*

La declaración de la misión debe reflejar cuál es el propósito de la empresa, por qué existe, cómo funciona y qué clase de empresa se espera que sea. Es la que mejor define los beneficios que se les brinda a los clientes. Deben concordar con los valores y con las expectativas de las principales personas involucradas. Las empresas que no tienen definida su declaración de la misión suelen tener empleados desorientados. Los empleados necesitan comprometerse con una visión progresista, fundamentada y ambiciosa de la empresa si se desea que estén completamente motivados para conseguir algún cambio.

Adopte la coordinación... Actividad 25

La declaración de la misión puede ser intrínsecamente política y contar con involucrados que busquen "crear un imperio". Para reducir este riesgo, pregúntele a su personal mediante el uso de comunicaciones móviles cuál debería ser la declaración de la misión. ¡Encienda la mecha, y váyase!

Los elementos principales de la declaración de una misión son los siguientes:

- propósito;

- visión a largo plazo: estrategia;

- área en la que participa la empresa: productos o servicios;

- fortalezas clave;

- beneficios para los clientes;

- políticas-estándares-actitudes, por ejemplo: Responsabilidad Social Empresaria (RSE);

- sistema de valores, por ejemplo: comercio justo.

Adopte la coordinación... Actividad 26

Emplee sus comunicaciones móviles para informar a los clientes que su finalidad es resolver los problemas que tengan y otorgarles un valor agregado. Cuénteles cuál es la declaración de su misión; incluya todos o algunos de los anteriores.

Los objetivos corporativos de las grandes organizaciones suelen establecerse en términos de ingresos, ya que es lo que satisface a los accionistas (por lo general, remotos). En el caso de las PYMES, suele ser el dueño/administrador a quien se debe satisfacer y a menudo los objetivos se trazan según su personalidad o actitud. Los objetivos solo pueden determinarse luego de realizar una evaluación honesta de la actitud (de la empresa) ante los riesgos. ¿Especulará con acumular, o preferirá optar por un crecimiento orgánico gradual? Si no le gustan los riesgos, no querrá elegir un plan de gran crecimiento que conlleve un riesgo grande; los enfoques agresivos pueden alejarlo mucho de sus actuales fortalezas y capacidades.

Determinar cuáles son los objetivos principales proporciona una plataforma y unas metas alcanzables a sus comunicaciones de marketing; suelen ser más efectivas cuando son pocas, concisas y SMART (Tabla 8.1).

TABLA 8.1. Objetivos SMART

Objetivo	Comentarios
Specific (Específico)	Evita ser demasiado impreciso o demasiado preciso
Measurable (Mensurable)	Garantiza que siempre se pueda medir el éxito del objetivo
Accurate (Preciso) Algunos usan "ambicioso" o "alcanzable"	No confeccione una lista de deseos ya que nada desmotiva más rápido al personal que objetivos impuestos que sean inalcanzables
Realistic (Realista)	¿Qué probabilidades hay de que el objetivo tenga influencia en los cambios?
Timely (Oportuno) Algunos utilizan "*targeted*" (dirigido)	Según los recursos disponibles, identifica el tiempo necesario para lograr los objetivos: puede implicar modificarlos, hacerlos más simples o más específicos

Los ejemplos de objetivos deberían incluir:

- elevar su perfil;

- modificar las actitudes y opiniones de los involucrados principales;

- aumentar su cuota de mercado.

Es probable que para lograr sus objetivos necesite utilizar una variedad de herramientas de su mezcla de comunicación (Figura 3.2). Si su actitud ante los empleados que utilizan sus teléfonos celulares para twittear es "debería estar trabajando", quizá deba replanteársela. Utilice comunicaciones móviles, como por ejemplo tweets, para sortear la resistencia corporativa mediante el fomento de contribuciones que se hagan regularmente. Los tweets son rápidos, informativos y pueden ayudar a transmitir el mensaje de que lo importante en su empresa son los clientes.

Sus comunicaciones deben estar coordinadas dentro de la empresa (esto se denomina "comunicaciones de marketing coordinadas"). Debe buscar la combinación ideal de herramientas comunicativas para crear campañas efectivas. Hacerlo le permitirá llegar a una mayor cantidad de público, podrán enviarse mensajes más sólidos y tendrá más probabilidades de atravesar el *ruido* y de ser recordado.

2. *Estoy revisando la situación*

Bueno, sí, ¡es una cita de *Oliver*! pero nos sirve. No puede avanzar hasta que no sepa en dónde se encuentra. Este es el caso de empresas de todas las formas, tamaños y antigüedades. Un error habitual entre las PYMES es que usan un enfoque *ad hoc* para la planificación. ¡Es un error infantil!

Entonces, ya realizó un pronóstico y tiene una idea de dónde quiere estar. Antes de empezar, es necesario que identifique qué hace bien, así como las áreas que debe mejorar. Puede hacerlo mediante una auditoría de marketing, la cual lo ayudará a controlar los factores internos y externos que afectan a su empresa. Para que una auditoría de marketing sea efectiva, debe ser:

- detallada;

- estructurada;

- independiente, y

- regular.

Una vez que haya auditado el micro y el macroambiente (ver Capítulo 5), con lo obtenido podrá realizar un análisis FODA (Figura 8.2).

Las F(ortalezas) y las D(ebilidades) representan un resumen de su organización a lo largo de los últimos años y hasta la actualidad. Se centran en lo interno, en lo pasado y buscan detectar información que lo ayude a tener más efectividad y eficiencia. Las O(portunidades) y A(menazas) son externas y se basan en el futuro. Una vez examinado el macroambiente, representan el modo en que uno ve los problemas que afectarán a la empresa en un futuro próximo.

La matriz FODA puede:

- utilizarse para el planeamiento estratégico (ingresar a nuevos mercados, tener nuevas posibilidades de inversión, etc.);

- usarse para la planificación de marketing (desarrollo, lanzamiento y estudio de productos, etc.);

- hacerse desde perspectivas departamentales o individuales;

- analizar qué ofrece, a quién y cómo se lo hace.

Si se realiza con regularidad, el análisis FODA puede resultarle útil para detectar tendencias antes que los demás, lo que puede representar una ventaja. Además, lo colocará en una mejor posición para hacer mejoras, por ejemplo: tal vez necesite hacer un uso más eficiente de los recursos. Por otro lado, quizá haya que mejorar las aptitudes básicas de su empresa. La matriz FODA puede identificar patrones y tendencias que influirán en las comunicaciones de marketing.

Fortalezas	Debilidades
Recursos, activos, personas	Brechas en las capacidades
Experiencia, conocimiento, datos	Carencia de fortaleza competitiva
Reservas financieras, probables	Reputación, presencia y alcance
ganancias	Fortaleza financiera
Alcance del mercado, conocimiento	Plazos, fechas límite y presiones
Aspectos innovadores	Solidez continua
Ubicación	Efectos sobre las actividades
Precio, valor, calidad	principales
Acreditaciones, aptitudes	Veracidad de la información
Procesos, sistemas, TI	Ánimo, compromiso, liderazgo
Culturales, actitudinales,	Acreditaciones
conductuales	Procesos y sistemas, TI
Cualidades de gestión	

Oportunidades	Amenazas
Desarrollos comerciales	Efectos políticos
Vulnerabilidades de la competencia	Efectos legislativos
Tendencias de la industria o del estilo	Efectos ambientales
de vida	Desarrollos de TI
Desarrollo tecnológico e innovación	Intenciones de la competencia
Influencias globales	Demanda del mercado
Nuevos mercados	Nuevas tecnologías, servicios, ideas
Nichos de mercado específicos	Respaldo de capacidades internas
Geográficas, de exportación e	Debilidades insuperables
importación	Pérdida de personal clave
Nuevas propuestas de exclusividad	Respaldo financiero sustentable
(USP, por sus siglas en inglés)	Economía: doméstica, exterior
Tácticas sorpresa, contratos	Temporadas, efectos climáticos
importantes	
Desarrollo comercial y de productos	
Información e investigación	
Asociaciones, agencias	
Volúmenes, producción, economías	
Según temporada, clima, influencia de	
la moda	

FIGURA 8.2. Análisis FODA completo que muestra cómo interactúan los elementos

---

Adopte la coordinación... Actividad 27

Tomando la Figura 8.2 como modelo y algún dato de las actividades del Capítulo 5, realice un análisis FODA completo de alguno de sus segmentos de sus destinatarios o, si se trata de una gran empresa, de una unidad estratégica de negocios (UEN). Debe ser detallado e incluir tendencias en lugar de ideas generales.

A estas alturas, ya está listo para analizar cuáles son sus mejores opciones estratégicas.

3. *Estrategia*

Cuando hablamos de la planificación (posible) de los próximos años, surge el delicado asunto de la estrategia. En ocasiones, se abusa de esta palabra. En *The Apprentice*[1] se suele oír a los candidatos decir: "Nuestra estrategia es...". Cuando eso sucede, me pongo a gritarle al televisor que eso es táctica, no estrategia... salvo que me equivoque y que la táctica de vender ramos de rosas al día siguiente sea en verdad una estrategia... me parece que no.

Las principales áreas estratégicas en las que las comunicaciones móviles pueden tener influencia son:

- respaldo de modificaciones de gran importancia;
- comunicación de mensajes de los directivos;
- comunicación de la misión/visión/valores de la empresa;
- mayor difusión de los asuntos y prioridades de la empresa;
- aumento y mantenimiento de la credibilidad de la gestión;
- motivación del personal;

---

1 *The Apprentice* es un programa de televisión de los Estados Unidos. (N. de la T.)

- permiso para que el personal tenga retroalimentación;
- mejora en las habilidades comunicativas de los directivos.

Tesco reconoce el valor de sus empleados al establecer que son tan importantes como los clientes para el éxito de la empresa. Periódicamente le preguntan al personal qué es lo importante para ellos, y la respuesta es que se sienten respetados, siempre cuentan con directivos que los ayudan, les dan trabajos interesantes y les brindan posibilidades de progresar. El resultado es que los empleados de Tesco conocen bien cuáles son los objetivos de la empresa a través de la estrategia "todo sirve, por pequeño que sea, ayuda". Tesco comprende que si se recompensa al personal por su trabajo, es más probable que hagan un esfuerzo extra para ayudar a los clientes.

Las estrategias son los métodos abarcadores elegidos para alcanzar los objetivos. No incluyen detalles de las vías de acción que deben seguirse a diario; esas son las tácticas. Es importante entender de qué manera las estrategias difieren de las tácticas.

Algunas estrategias típicas podrían ser:

1. FO1: elevar su perfil en los medios al relacionarse más con el periodismo como parte de una campaña mediática;
2. FO2: impulsar las ventas de productos o la prestación de servicios, por ejemplo, al incrementar la cantidad de descargas de podcasts;
3. FA1: atraer a más usuarios móviles con un boletín online;
4. FA2: crear una plataforma móvil para instruir al personal sobre los productos nuevos;
5. DA1: desarrollar una campaña en los medios sociales para dirigirse a los, hasta el momento, segmentos juveniles inalcanzables.

Fácilmente podría identificar una gran cantidad de opciones estratégicas, por lo tanto, necesita darle prioridad a las que mejor se adapten a su empresa. Para ello debe hacer un análisis FODA, pero a partir de las amenazas y oportunidades (Tabla 8.2).

TABLA 8.2. Análisis FODA (variante)

Estrategias	Urgencia	Probabilidad	Impacto	Total
FO1	3	3	3	9
FO2	3	3	2	8
FO3	3	2	3	8
DO1	2	2	2	6
DO2	2	2	1	5
DO3	2	2	1	5
FA1	3	2	3	8
FA2	2	2	2	6
FA3	2	1	1	4
DA1	2	2	1	5
DA2	2	1	1	4
DA3	1	1	1	3

Cuando explico esta variante de la matriz FODA en CIM, a menudo resulta una innovación; es decir, la etapa en donde todo comienza a tener sentido. Como vimos anteriormente, los alumnos de CIM son profesionales de todo tipo. Si a ellos les resulta útil, ¡no tengo dudas de que a usted también!

Adopte la coordinación... Actividad 28
Use el análisis FODA que hizo en la Actividad 27 y utilice la variante para identificar las tres estrategias fundamentales que pueden utilizar las comunicaciones móviles.

4. ¡Menos palabras y más acción!

Deben establecerse controles para evaluar si su plan de marketing se lleva a la práctica como corresponde y, una vez más, las comunicaciones móviles pueden hacer que esto sea más sencillo y preciso. Los tres factores fundamentales son:

- Deben programarse oportunidades que se vean reflejadas en la efectividad del plan.

- Todos los interesados deben ser conscientes de los plazos y fomentar la retroalimentación a través de la plataforma móvil, ya sea bajo la forma de mensajes, redes sociales o bien algún blog.

- Es necesario que se note que usted actúa sobre la base de estas reflexiones.

Adopte la coordinación... Actividad 29
Si le preocupa que los empleados pasen gran parte de sus valiosas horas laborales twitteando, puede controlar sus conductas mediante recursos como www.tweetstats.com y www.twitterholic.com. Estas herramientas permiten que los directivos vean la cantidad de tweets por semana, día e incluso hora. También le permiten monitorear los retweets y las respuestas. Al hacerlo, podrá estar al tanto de las tendencias principales, detectar problemas nuevos... como también quienes son los principales twitteros.

También puede invitar a que los usuarios y consumidores expresen sus preocupaciones sobre el desempeño de la empresa. Pueden aportar sugerencias importantes en temas como la falta de aptitud del personal, la capacitación, la visión, la capacidad, la seguridad, el ruido, etc. Por eso, tanto los tweets como las comunicaciones móviles pueden ser herramientas que fomentan el aprendizaje dentro de la compañía.

Una de las principales ventajas del móvil marketing es la capacidad de revisar las comunicaciones de marketing con rapidez. Por lo tanto, se puede notar enseguida si una campaña es efectiva y, si es necesario, pueden corregirse los errores. Los informes se realizan en una simple hoja de cálculo y pueden contener métricas clave (Tabla 8.3).

TABLA 8.3 Métricas móviles clave

	SMS	MMS	WAP
Cantidad de mensajes enviados	☺	☺	☺
Cantidad entregada	☺	☺	☺
Cantidad rebotada	☺	☺	☺
Cantidad de mensajes de error	☺	☺	☺
Cantidad de respuestas	☺	☺	☺
Cantidad de descargas y sus valores		☺	☺
Cantidad de accesos y de clics		☺	☺

SMS: servicio de mensajes cortos
MMS: sistema de mensajería multimedia
WAP: protocolo de aplicaciones inalámbricas

Presupuesto

Todo plan de marketing estratégico tiene que contar con un presupuesto detallado para su primera parte. El presupuesto debe estar relacionado con lo que la compañía en su totalidad quiere alcanzar. Los resultados pueden dividirse según los distintos segmentos del mercado y, por ende, permitir analizar si la mezcla de marketing funcionó bien en un sector determinado al que se apuntó. De ser posible, su empresa tiene que usar el presupuesto para conocer cuál es el Retorno de la Inversión en Marketing (una variante del ROI). Es lógico conocer cuáles son los costos de marketing correspondientes a las distintas estrategias.

LAS PYMES Y LA PLANIFICACIÓN

La planificación de marketing es una actividad primordial; sin embargo, muchos de los propietarios de PYMES la consideran innecesaria. Creen que el marketing es un asunto que compete solo a las grandes organizaciones. Ante la duda, las PYMES deberían buscar asesoramiento externo (averigüe si la escuela de negocios local brinda asistencia, a menudo lo hacen a bajo precio).

No hay una única norma aplicable a todas las PYMES: son muy disímiles entre sí. Algunas hacen alarde de patrones de conducta empresariales aunque su estructura sea pequeña, mientras que otras son antiguas, gozan de reconocimiento y poseen una estructura similar a la de las grandes compañías. Sea cual fuere el panorama, tendrá impacto en su enfoque de marketing.

UTILIZAR MECANISMOS DE SOPORTE

Los buenos consejos abundan de manera gratuita en los códigos de conducta de varios entes, simplemente hay que aprovecharlos. Si va a usar un código de prácticas para mejorar su comportamiento ético (ver Capítulo 10), descubrirá que:

- se centran en la regulación del comportamiento individual en lugar de hacerlo en el de la empresa en su totalidad;

- requieren documentación formal;

- tienden a dirigirse a áreas específicas, por ejemplo: regalos, conductas anticompetitivas, etc.;

- esperan que los empleados firmen el código para que la responsabilidad deje de ser de los directivos;

- tienden a realizarse a partir de códigos de terceros;

- generalmente mezclan las exigencias morales con las técnicas;

- suelen simplemente describir las prácticas existentes, pero quizá sin ofrezcer soluciones a los problemas.

Como es natural, los códigos de terceros centran su atención en diversos aspectos; por ejemplo: la Market Research Society cuenta con un código exhaustivo en su sitio web (www. mrs.org.uk), en donde se plantean cuestiones éticas que podrían surgir con relación a la investigación.

La Direct Marketing Association (DMA) cuenta con una excelente guía titulada *Mobile Marketing Best Practice Guidelines*, en donde se tocan temas como la recopilación y el manejo de datos, las campañas móviles, el análisis y los informes. Que no le quepan dudas de que por momentos resulta difícil tratar con los consumidores, y en esta guía se hace referencia a áreas delicadas como el contenido para adultos, las quejas y la resolución de conflictos. Se describe cómo los operadores de las redes móviles británicas crearon un código de prácticas conjunto para autorregular las nuevas formas de contenido móvil, lidiar con los temas que preocupan a los padres acerca del contenido adulto o inapropiado con el que los niños podrían toparse desde sus dispositivos móviles. Se puede conseguir un ejemplar del código de prácticas en el sitio web del Independent Mobile Classification Body (IMCB): http://www.imcb.org.uk/classificationframe/. La DMA sugiere que cuando se está por hacer una campaña móvil hay que cerciorarse de:

1. que los clientes le hayan dado permiso para comunicarse con ellos a través de ese medio;

2. ser claro con los datos que se emplean (preferentemente asegurarse de que se recabaron en la empresa o que se conocen cuáles fueron los métodos utilizados para recopilarlos);

3. que el medio sea adecuado para ese grupo de destinatarios/esa oferta (¿qué se quiere conseguir?, ¿de qué forma colaborarán los celulares?);

4. que el mensaje sea adecuado para el medio en cuestión (¿se comunica mediante texto, o imágenes?);

5. que estén justificados todos los costos a cargo de los consumidores y por las comunicaciones (recuerde que pagan por enviar mensajes y que quizá se les cobre por recibir mensajes de acuse de recibo o "respuesta comercial", así que asegúrese de que comprendan la totalidad de los costos);

6. que los consumidores entiendan que el contenido de descarga que figura en sus campañas (por ejemplo: ringtones o fondos de pantalla) dependen de la compatibilidad del celular y también de cuál sea el medio de pago;

7. que usted sea claramente identificable para el usuario móvil;

8. que en su mensaje se incluya la posibilidad de que el usuario elija dejar de recibirlos.

Y finalmente

Algunos directivos han hecho grandes esfuerzos por adaptarse a los incesantes cambios de la tecnología. Como es natural, las actividades deben seguir el ritmo de los cambios, y comenzar a realizar acciones de móvil marketing puede representar uno de ellos. No se debe cambiar porque sí, sino para hacer los cambios adecuados.

CONSEJOS PRÁCTICOS

Debe reflexionar acerca de...

▶ El equilibrio entre la eficiencia y la efectividad.

▶ La actitud hacia los clientes móviles, y su relación con ellos.

▶ El equilibrio entre necesidades y deseos.

▶ Redefinir qué es la satisfacción del cliente.

▶ Volver a centrarse en los objetivos a largo plazo en lugar de hacerlo en los de a corto o mediano plazo.

▶ Repensar la cadena de valores.

▶ Una nueva cultura corporativa.

ACTIVIDAD

Para adoptar la coordinación necesita encontrar el equilibrio para su empresa, los segmentos a los que se dirige, el mercado, etc. La falta de detalles conducirá a la inacción, mientras que el exceso, a la "parálisis del análisis". La carencia de aptitudes y de recursos son factores esenciales que conducen no solo a una mala planificación de marketing, sino también a una implementación ineficaz. No alcanza con realizar una auditoría de marketing para luego simplemente sentarse a analizar los resultados y decir: "Esto queda para el próximo año".

PREGUNTA

¿Se convirtió en una tarea rutinaria y pesada? Si es así, es probable que no tenga el impacto necesario. No olvide que ser eficiente significa hacer las tareas correctamente, mientras que ser efectivo es realizar las correctas.

CAPÍTULO 9
¿EN DÓNDE SE ENCUENTRA? I

SUSTENTABILIDAD Y MÓVIL MARKETING

Seamos claros: no solo debe hacer que los productos y servicios coincidan con las necesidades de los clientes, también debe asegurarse de que usted proporciona valor al cliente. Cada vez con más frecuencia se espera que las empresas sean rentables, y que además cuiden el medio ambiente y a la población; a esto se lo denomina sustentabilidad.

PREGUNTAS HABITUALES:
¿Es la sustentabilidad un tema que realmente interese a las empresas?

Esta es una pregunta fundamental. Acontecimientos como el "efecto año 2000" –Y2K– (cuando el mundo no se terminó y aún así las empresas habían gastado miles de millones) pueden crear un grado de cinismo y/o escepticismo. A menudo se lo denomina "*green-washing*" o "engaño ecológico"; las empresas que mienten respecto de sus propósitos ecológicos suelen encender la ira de la comunidad online.

Starbucks colaboró mucho con obras de beneficencia, pero aún así fue ferozmente criticada porque sus canillas desperdiciaban agua. Cuando, con posterioridad, pasó a utilizar únicamente café Fairtrade,[1] algunos escépticos decían que era un mero engaño ecológico. Los más pragmáticos reconocieron que el uso de los productos Fairtrade por parte de Starbucks representaba en verdad una gran contribución a los productores de café. A esta empresa no se la puede acusar de resistirse a los cambios, algo que suele ser moneda corriente. Es posible que hayan padecido las consecuencias de la mala educación de los consumidores. Muchas veces estos no tienen los niveles de educación adecuados, y las empresas deben emprender comunicaciones móviles para equilibrar la balanza. En Starbucks se utilizan textos, imágenes, vídeos y sitios web mobi para mostrar continuamente historias que muestran la forma en que ellos están mejorando la vida de los cafeteros.

Entonces, necesita que su empresa sea rentable, pero es consciente de que debe ser más sustentable... ¿Cómo empezar?

Bueno, primero tiene que adoptar una postura favorable hacia el marketing sustentable (para la definición, ver el Glosario) y después utilizar comunicaciones móviles para asegurarse de que todos los involucrados conozcan cuál es su posición. Que la comunicación sea clara es fundamental, ya que la "autoría" de la sustentabilidad puede ser difusa en algunas empresas y muy reñida en otras. A veces, la Responsabilidad Social Empresaria (RSE) está controlada por el departamento de Recursos Humanos. Algunas organizaciones reconocen la importancia que tiene la RSE al citarla en la declaración de la misión (una decisión de gestión estratégica) que pueden incluir cuestiones ecológicas (posiblemente relacionado con el control de calidad), políticas

---

1 El café Fairtrade cuenta con la certificación de haber sido producido y comercializado según una serie de estándares regulados por Fairtrade International. El dinero que se paga por la certificación se destina a los productores de café del Tercer Mundo. (N. de la T.)

de suministro ético (el departamento de compras) y conexiones caritativas (¡todo lo anterior!).

Esta "discusión" se ve reflejada en el ámbito político, en donde los organismos de desarrollo en favor de lo sustentable difieren ampliamente sobre qué debe ser sustentable o qué desarrollar y cuándo. En los sectores B2C, se puede afirmar que la responsabilidad recae en el proveedor del servicio, el consumidor, la comunidad, el ente regulador o, incluso, el gobierno. Un ejemplo de influencia gubernamental es la Companies Act[2] (2006), que tiene un impacto importante sobre la RSE. Cada vez más a menudo se usará el medio ambiente como trampolín para iniciativas y legislaciones gubernamentales. Contar con una plataforma de comunicaciones móviles tiene un valor incalculable para informar a las distintas partes, dar respuesta a los comentarios que se generen y controlar las expectativas.

Antes (en el Capítulo 8) vimos lo útiles que pueden resultar los códigos de conducta de terceros para actuar de manera ética.

¿En dónde se encuentra? I... Actividad 30

Si aún encuentra que los participantes internos oponen resistencia, utilice la plataforma móvil para dirigir su atención hacia algunos de los índices e iniciativas que suelen emplearse para ayudar a las empresas a medir su sustentabilidad. Puede usar las comunicaciones móviles para compartir enlaces o bien para difundir información entre los miembros. Tres fuentes de este estilo son:

- El Índice de Sustentabilidad Dow Jones (http://www.sustainability-index.com/);
- El índice FTSE4Good (http://www.ftse.com/Indices/FTSE4Good_Index_Series/index.jsp);
- La Global Reporting Initiative (http://www.globalreporting.org/Home).

---

2 Companies Act es el equivalente británico de la Ley de Sociedades Comerciales de Argentina. (N. de la T.)

Los índices antes mencionados le dan credibilidad a sus argumentos de sustentabilidad, al tiempo que funcionan como fuentes valiosas de información. El FTSE4Good, por ejemplo, incluye criterios relacionados con los derechos humanos. Puede promocionar el concepto de sustentabilidad ante los incrédulos si destaca cómo el creciente interés de la gente en parte se debe a:

- el aumento de la prosperidad;

- la expansión de la cobertura mediática;

- los desastres destacados;

- el mayor conocimiento científico;

- los cambios culturales a largo plazo;

- las RRPP y el respaldo de los famosos.

La mayoría de estos factores crecieron como consecuencia directa del aumento de las comunicaciones móviles. Al tener cuatro mil millones de usuarios en todo el mundo resulta difícil guardar las malas noticias bajo la alfombra. Hoy en día los famosos son tan reconocidos por sus tweets como por las actividades en las que se destacan (Stephen Fry es una excepción honorable). Usted dirá que es cierto, pero se preguntará si en verdad esto afecta a su empresa. Bueno, veamos algunas de las consecuencias. Las que figuran a continuación están en un proceso de crecimiento diario:

- el grado de preocupación/conciencia ambiental lleva a que exista una demanda de productos que no dañen el medio ambiente, a que se empleen sustitutos naturales, a que los productos se reutilicen/rediseñen/reciclen;

- los consumidores están pasando a valorar más la conservación que el consumo;

- la exigencia de que la industria genere menos contaminación, conserve más los recursos y ahorre más energía;

- una mayor regulación por parte del gobierno con respecto a las empresas que realizan actividades con un gran impacto ambiental;

- la demanda y la disponibilidad de información acerca de cuestiones ambientales en empresas de las que se espera que realicen y publiquen auditorías ecológicas;

- las oportunidades para incrementar la protección del medio ambiente, los derechos de los animales y las especies en peligro.

Como puede ver, las empresas cada vez están más presionadas para realizar actividades que sean sustentables.

¿En dónde se encuentra? I... Actividad 31

Se calcula que hay 1.400 grupos de ambientalistas solo en Gran Bretaña. Si cualquiera de ellos se dirigiera a la prensa, podría crear una situación de gravedad que dañaría a su compañía. Los 13 grupos ambientalistas más importantes del Reino Unido cuentan con más de cinco millones de miembros que pueden ejercer presión mediante lo que se conoce como "lobby", campañas de RRPP, acción directa, sociedades y asesoramiento. Como vimos en el Capítulo 5, es necesario ubicar a estos grupos según el interés que tengan en su empresa versus su capacidad de generar problemas. Una vez que lo haya hecho, utilice sus comunicaciones móviles para que participen del debate, y así tratar de minimizar el impacto que puedan tener en los medios masivos.

Muchas de estas personas creen que las prácticas empresariales actuales son partidarias de "vender más" mientras que la "sustentabilidad" se encarga de consumir menos. Quizá deba adaptar sus comunicaciones móviles para abordar estas cuestiones. Encuéntrese con ellos cara a cara, invítelos a que aporten preguntas para que usted responda, la tecnología móvil es ideal para esto. Cerciórese de contarle a la prensa local cualquier buena noticia que surja de estos diálogos. La sustentabilidad no se encarga solamente de limitar los daños; en vez de eso, es una oportunidad para que uno promueva las buenas prácticas.

¿EN DÓNDE SE ENCUENTRA... Y EN DÓNDE LOS CLIENTES CREEN QUE SE ENCUENTRA?

El "triple resultado" (las 3 P) está reemplazando cada vez más al resultado neto tradicional al incorporar la responsabilidad social y ambiental. Su empresa debe ser capaz de posicionarse de manera efectiva si busca tomar buenas decisiones estratégicas, tácticas y operativas. En consecuencia, necesita reflexionar acerca del lugar en donde se considera que se encuentra en relación con la sustentabilidad (Figura 9.1).

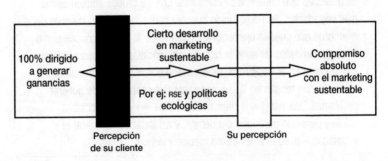

FIGURA 9.1. El espectro de sustentabilidad

Por supuesto, tales herramientas son limitadas ya que las empresas son complejas y dinámicas, y por lo tanto dicho espectro solo puede servir como parámetro. Ahora bien, este es el primer paso fundamental.

¿En dónde se encuentra? I... Actividad 32

Realice una encuesta entre sus empleados y clientes con estas dos simples preguntas:

1. ¿Cómo calificaría usted a la empresa en cuanto a sustentabilidad?

2. ¿Cómo califican sus clientes a la empresa en cuanto a sustentabilidad?

Si su percepción es de 8 en una escala de 10 mientras que la de los clientes es de 5 sobre 10... ¡entonces tiene un problema! Puede estar en una situación de desventaja y ¡la competencia podría sacar provecho de eso!

Es necesario que sepa en dónde se encuentra. Si su calificación es muy baja, debe reflexionar sobre qué está impidiendo que su empresa realice un marketing sustentable en las redes sociales.

Emplear las comunicaciones móviles para superar las barreras de la implementación de la sustentabilidad

En el futuro deberá actuar de manera cada vez más sustentable e identificar y eliminar las barreras para así poder implementar la sustentabilidad, como por ejemplo:

1. intereses múltiples de los involucrados, algunos reales y otros ocultos;

2. posición dominante de los accionistas;

3. problemas de definición que conducen a la falta de claridad en cuanto a las responsabilidades sobre la sustentabilidad;

4. demasiada orientación a las ventas;

5. cortoplacismo; por ejemplo: énfasis excesivo en los dividendos de las inversiones a largo plazo.

Aunque es improbable que todos estos ítems se apliquen a la situación de su empresa, es necesario que tenga en cuenta algunos de los factores. Primero debe ser honesto con usted mismo. Su organización va a enfrentar desafíos cuando comience a tener una posición más sustentable. El CIM señala aspectos fundamentales, como ser:

- costos;

- cuestiones técnicas y organizacionales;

- conflictos entre los objetivos;

- consecuencias internacionales;

- poca difusión;

- duración;

- falta de certeza sobre la naturaleza del problema;

- cuestiones relacionadas con las soluciones propuestas;

- participación simbólica;

- fatiga moral.

Todos estos factores pueden ocasionar problemas, en especial si se tiene en cuenta que algunos de ellos (digamos los costos) se pueden combinar con otros (por ejemplo, la duración) y generar inconvenientes. Lo que se necesita es una campaña móvil que actualice con regularidad a los involucrados y que muestre evidencias concretas de los avances. No pretenda que anden a ciegas, en vez de eso, vaya alentándolos con delicadeza durante un tiempo y se sorprenderá de los progresos que conseguirá.

PREGUNTAS HABITUALES: ¿Cómo hago para saber si voy por el buen camino?

Es una buena pregunta ya que cambiar el rumbo del marketing no es tan sencillo como algunos creen (ver Capítulo 2). El CIM sostiene que todas las empresas, no importa si son grandes o chicas, nuevas o antiguas, deben medirse con la competencia. Una buena forma de analizarse y, por ende, de ver cuánto se ha avanzado es a través del benchmarking o evaluación comparativa (ver Glosario).

Benchmarking

Es un método práctico y probado que sirve para medir el desempeño de la sustentabilidad y compararlo con el de la competencia. Recuerde, el posicionamiento es el modo en que sus clientes (actuales y futuros) perciben a la empresa en relación con la competencia. El benchmarking también puede usarse para inculcar mejores prácticas en la compañía en diversos asuntos; sin embargo, en este caso, nos ocuparemos de abordar lo que respecta al posicionamiento (ver Figura 9.1).

Podrá aumentar su capacidad de comprensión de los principales asuntos relacionados con la sustentabilidad al comparar y contrastar datos de sus actividades comerciales, funciones y sectores. El benchmarking representa un trampolín para su planeamiento estratégico (como vimos en el Capítulo 8), ya que es necesario abordar las cuestiones destacadas en el informe resultante. Es muy efectivo a la hora de identificar y difundir las mejores prácticas en sectores y redes. Como siempre, puede elegir de qué manera afrontarlo; es decir, con o sin ayuda externa.

Para realizar una evaluación comparativa de sustentabilidad, solamente tiene que invertir tiempo, aunque es conveniente investigar un poco sobre el tema antes de comenzar, hablar con la escuela de negocios de su zona, hacer algún curso sobre el tema o bien contratar a un profesional para que lo asesore, al menos en lo elemental.

¿En dónde se encuentra? I... Actividad 33

Si quiere desarrollar sus conocimientos en el benchmarking, el CIM recomienda los siguientes recursos:

- El Benchmark Index: creado por el Department of Trade and Industry en 1996 y dirigido a través del Business Link. Compare su negocio con otros (http://www.benchmarkindex.com/).

- Best Practice Club: una organización que facilita la cooperación y la difusión de información sobre benchmarking y mejores prácticas (http://www.bpclub.com/).

- Informe de los directivos sobre benchmarking: breve guía acerca de qué se trata, qué significa para su organización y sobre el modo de planificación/implementación (http://www.bizhot.co.uk/files/St4bench.pdf).

- Buyit: red de mejores prácticas para las industrias de información, comunicaciones, telecomunicaciones y comercio electrónico. Contiene enlaces que dirigen a pautas sobre mejores prácticas y estudios de caso verídicos (http://www.buyitnet.org/).

¿Qué debería analizar comparativamente?

Es necesario que tenga en mente dónde quiere que se ubique su empresa dentro del "Espectro de sustentabilidad". Debe elegir si quiere comprometerse en mayor o menor medida. La Figura 9.2 muestra una estructura que pueda ayudarlo en la realización de un estudio comparativo de su empresa en términos de marketing sustentable.

Los factores descritos pueden tener influencia en muchos elementos de triple resultado, por ejemplo: la implementación de una política de RSE como parte del marketing sustentable podría tener efectos en las personas y en las ganancias. Como puede notarse, la sustentabilidad en el benchmarking se ve obstaculizada por influencias multidisciplinarias. Gracias a una investigación pudieron detectarse diferencias notorias; por ejemplo: la manera en que los planificadores urbanos (quienes le dieron forma a gran parte del debate sobre el desarrollo sustentable) y los comerciantes definen lo que es la sustentabilidad. Vivimos en una época de cambios vertiginosos y no sorprende que se use una serie de términos para representar las nuevas teorías que surgen. Los detractores del marketing señalan que su único interés es la venta de productos (a corto plazo) al grupo objetivo. Aunque resulte irónico, hoy en día se considera que esta noción anticuada (también llamada "orientación a las ventas") es un factor que contribuye a que los consumidores estén alertas ante el engaño ecológico y suele recibir críticas por parte de los empresarios sustentables.

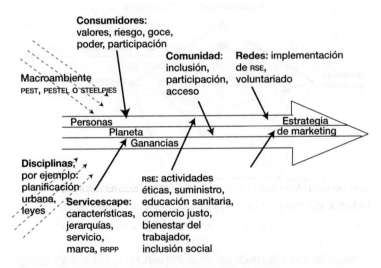

FIGURA 9.2. Estructura para un marketing sustentable

Si desea utilizar un respaldo externo, tiene la posibilidad de contratar a un asesor o a una agencia especializada en temas ecológicos o sustentables; puede recurrir a ellos una sola vez, o siempre que lo considere necesario. Debería ser un proceso continuo pero quizá desee ver de qué se trata al principio. No espere obtener resultados instantáneos ya que puede ser un proceso lento. Greenscope es una herramienta de benchmarking ecológico que ofrece la Brunel University junto con desarrolladores minoristas. En el fondo, su objetivo es ayudar a que los minoristas modifiquen la conducta de los consumidores. Prevén que es probable que el proceso para que los minoristas comiencen a utilizar una estrategia de marketing ecológica tarde hasta cinco años en completarse, y su enfoque se basa en asesoramientos detallados. Así que tenga paciencia.

Una vez realizada la auditoría de sustentabilidad, puede publicar los resultados mediante un formato móvil que sea fácil de evaluar (Figura 9.3).

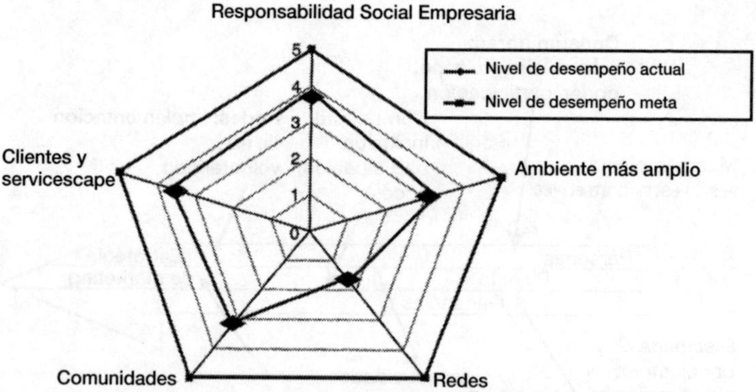

FIGURA 9.3. Diagrama polar que muestra los resultados del benchmarking de sustentabilidad

Algunas de las medidas que implemente satisfarán ciertos focos de atención del triple resultado, pero muchas otras ni siquiera tendrán injerencia.

En la Figura 9.2 se muestran ciertas áreas en donde puede mejorar el impacto ambiental. Algunas empresas están vinculando, digamos, el reciclaje con premios a los clientes. Veamos algunos ejemplos que muestran cómo las tres P, a saber: Personas, Planeta y Ganancias (*profit*, en inglés), pueden darse fuerzas entre sí. En los siguientes ejemplos, se ilustra cómo Airmiles y Arcadia unieron los programas de reciclaje de celulares con el incremento de la fidelización del cliente.

¿En dónde se encuentra? I... Actividad 34

Puede reducir su huella de carbono si disminuye su asistencia a reuniones y/o conferencias, y al pedirles a quienes participan que hagan debates móviles mediante *hash tags* (ver Glosario) para que sea más fácil seguir el tema en cuestión. En consecuencia este tipo de encuentros podría representar un avance ambiental considerable y prácticamente sin ningún costo.

ESTUDIO DE CASO

Planeta, ejemplo 1

En 2009, la compañía Airmiles lanzó un programa de reciclado de celulares cuyos miembros juntaban "millas" cada vez que reciclaban estos aparatos. El sitio web cuenta con un elemento interactivo con la forma de una calculadora que les permite a los participantes saber cuántas millas aéreas van acumulando, hasta un máximo de 750. El proyecto lo lleva adelante ShP Limited, una empresa dedicada al reciclaje de chatarra electrónica. Reacondicionan los celulares y todas las ganancias se invierten en proyectos ecológicos.

ESTUDIO DE CASO

Planeta, ejemplo 2

El afamado grupo Arcadia, dueño de Topshow, Dorothy, Perkins y Wallis, se asoció con Mopay.co.uk para convertir celulares viejos en vales. Mopay es un servicio online de reciclado de celulares que ofrece dinero a cambio de aparatos que ya no se usen, los restaura y revende en países en vías de desarrollo a un precio menor. Los usuarios reciben vales que pueden canjear en cualquier local de Arcadia. Para el año 2010, la empresa había pagado 2.600.000 libras esterlinas a los clientes y alrededor de un millón de libras esterlinas a obras de beneficencia desde el inicio de sus actividades, en 2006. Este programa colabora con la mejora de la comunicación y su infraestructura en las naciones en vías de desarrollo.

No tiene demasiada importancia que las dos compañías reciclen celulares, lo que realmente interesa es que ambos ejemplos son avances claros en lo que respecta a actuar de manera más sustentable. Estas organizaciones:

- reciben un beneficio concreto, es decir: se alienta a los consumidores a volver a comprar con los vales;

- se asocian con un especialista experto en reciclaje;

- obtienen una buena difusión a partir de las consecuencias; es decir, el aumento de proyectos ambientales y la ayuda a las naciones en vías de desarrollo, respectivamente.

Básicamente, no hay nada negativo en esto. Debe adoptar un enfoque pragmático y, aunque algunos de los ecologistas más "ortodoxos" se opongan a que los destinatarios sean los países en vías de desarrollo, a estos les encantará la idea. Tal vez le convenga usar la plataforma móvil para mejorar el marketing interno y desterrar esa resistencia. Recuerde: el marketing sustentable debe ser "vendido" sobre la base de ganancias futuras. Puede utilizar comunicaciones móviles para:

- construir las bases para el entendimiento mediante la difusión de información;

- colaborar en la creación de planes para implementar el marketing sustentable;

- cerciorarse de que se conozca su compromiso financiero;

- mostrar compromiso empresarial;

- fomentar la participación y la colaboración en toda la compañía;

- respaldar los programas internos de RRPP mediante la elaboración de respuestas apropiadas a ideas sustentables.

¿Y el mensaje?

Vale la pena rever el concepto de mensaje. Todos los canales digitales están sujetos a los mismos problemas de ruido que los medios tradicionales, así que el modo en que se desarrolla el mensaje no es un tema de menor importancia. Aún necesita comenzar la historia. No tiene sentido dejarse llevar por los nuevos y apasionantes canales móviles de mensajes si el mensaje no llega a buen puerto. Debe pensar si los consumidores están preparados para invertir tiempo en el contenido y evaluar el factor "adherencia". Recuerde: ¡ya no tiene más el control! Cuanto más alto sea el grado de "comentarios", más probable será que las personas se involucren y se lo cuenten a los demás. Así que la creatividad sigue siendo lo primordial para una buena campaña. Las agencias continúan teniendo un papel fundamental en el desarrollo de las comunicaciones móviles debido a que se adaptan y se ajustan a los desafíos y las oportunidades que ofrecen los medios sociales.

Obras de beneficencia

Hoy en día, las empresas parecen obras de beneficencia, y viceversa, ya que las compañías cuentan con plataformas éticas y sustentables mientras que las organizaciones benéficas realizan campañas de marketing a cargo de profesionales. No obstante, el marketing en general y la investigación en particular son los puntos débiles de las obras de beneficencia, y muchos reconocen la necesidad de un cambio. Necesitan promocionarse a sí mismas de una manera coordinada en vez de depender del clásico enfoque *ad hoc*.

Ahora bien, las organizaciones benéficas siempre estuvieron dispuesta a adoptar un enfoque flexible hacia el marketing y la generación de ingresos, y que el personal tuviera la libertad de desarrollar actividades de una forma efectiva y eficiente. En la actualidad, los directivos de las obras de caridad están cada vez más presionados para cumplir con las expectativas de las partes involucradas, por lo tanto es apropiado analizarlos con más detalle.

La mayoría de las personas utiliza las obras benéficas con algún fin; dicho sector realiza una importante contribución a la economía británica, al contar con cerca de 200.000 organizaciones registradas que recaudan alrededor de 32 mil millones de libras esterlinas y en las que trabajan casi 600.000 empleados pagos. Muchas de ellas se volvieron muy dependientes del financiamiento externo, lo cual a menudo hace que disminuya la planificación de marketing a largo plazo. En esta época de fondos inconstantes, la seguridad financiera ya no es más una garantía. Los servicios vitales se vieron amenazados por las modificaciones en los subsidios que se realizaron en European Objectives y Single Regeneration Budget. La Unión Europea se amplió y cuenta hoy con 27 estados; estos nuevos miembros están captando una mayor financiación, lo que confirma la necesidad de que las obras de beneficencia ejerzan un control sobre el micro y el macroambiente (como se vio en el Capítulo 5).

Ciudadanía corporativa

Puede crear una campaña de comunicación móvil que destaque los aspectos positivos de las auditorías que realice, así como el modo en que se van a implementar las modificaciones donde fuera necesario. Tenga en cuenta que con ciudadanía corporativa se hace referencia a la relación que hay entre las empresas y la sociedad, no solamente la comunidad local sino todos aquellos que participan de su microambiente. Ya sea que lo denomine "ciudadanía corporativa" o "responsabilidad social", el hecho de ser cada vez más sustentable a la larga le será favorable. Mae Lee Sun (ver Actividad 35) ofrece ocho recomendaciones a seguir a la hora de emprender un plan de marketing sustentable:

- Conviértase en un experto en sustentabilidad: entienda de qué manera se relaciona con su producto o servicio en particular. Si no está alerta, sus clientes tampoco lo estarán.

- Eduque a los clientes: muestre el valor práctico y los beneficios de lo que se ofrece y por qué vale la pena pagar un precio más alto.

- Emplee un lenguaje claro que transmita una imagen positiva de su producto o servicio.

- Sea cauto de no enviar mensajes contradictorios ni fingir preocupación por el medio ambiente. ¿Promociona su empresa como "verde" y tiene pocos argumentos que lo respalden? ¿Apoya causas ecológicas simplemente para impulsar la imagen de su empresa? Si es así, es probable que quede en evidencia.

- Destaque los avances y los programas ambientales que su empresa tiene planificados. Las organizaciones de todos los tamaños se convirtieron en modelos famosos de excelencia corporativa por sus iniciativas ecológicas/sustentables.

- Haga que los consumidores participen del diálogo: pídales su opinión no solo sobre el producto sino también sobre la manera en que se los atiende. Los consumidores desean saber si usted también cumple con su responsabilidad social.

- Relaciónese con otras empresas "verdes". Se están realizando alianzas comerciales ecológicas, y existen entidades, como American Consumer Council, que certifican que son lo que realmente dicen ser.

- Si lo quiere verde, hágalo. Ofrezca el mejor producto del que disponga ya que es lo más lógico y porque así logrará que a largo plazo todos se vean beneficiados.

¿En dónde se encuentra? I... Actividad 35

Ingrese al sitio de Mae Lee Sun (http://www.maeleesun.com/2008/08/22/green-marketing-8-tips-to-get-you-started-on-an-environmentally-sustainable-marketing-plan/), pues cuenta con consejos y recomendaciones útiles.

Podrán decir que las empresas son parte del problema, y no de la solución. Por el contrario, las compañías tienen que encabezar el debate sobre sustentabilidad ya que el comercio tiene lugar entre las organizaciones comerciales y dentro de ellas, y no de los gobiernos. El marketing sustentable es la evolución de la orientación al marketing, y utiliza en gran medida las mismas estructuras y herramientas que el marketing convencional.

CONSEJOS PRÁCTICOS

Es necesario adaptar...

 La información que utiliza para tomar decisiones.

 Los criterios que emplea para analizar el desempeño... Tal vez sea necesaria una auditoría de sustentabilidad.

 Los valores, la declaración de la misión y/o la visión de la empresa, los cuales deben coincidir con los objetivos de marketing.

 El grado en que el marketing es responsable de toda la organización.

FIGURA 9.4. Los cuatro principios del marketing sustentable

ACTIVIDAD

En el Capítulo 8 vimos cómo sus estrategias móviles deben estar incluidas en la declaración de la misión/visión de su empresa. La Figura 9.4 puede funcionar como plantilla en donde colocar la información adecuada para representar su nueva postura en cuanto a la sustentabilidad. Recuerde que una imagen vale más que mil palabras: aplique el diagrama a su empresa y utilice una plataforma móvil para enviárselo a todos los involucrados.

CAPÍTULO 10
¿EN DÓNDE SE ENCUENTRA? II

Hoy en día es habitual que el cambio tecnológico se produzca a gran velocidad. Además, muchas de las nuevas tecnologías del nuevo milenio son muy similares.

¿QUÉ NOS DEPARA EL FUTURO?

Cada vez es más frecuente que la tecnología móvil sea la plataforma de los nuevos modelos comerciales y que el comercio móvil que se realiza mediante la web 2.0 sea una de las oportunidades comerciales más importantes de la próxima década. Hay oportunidades para las empresas de todas las formas, tamaños y antigüedades. Tiene que estar preparado para reaccionar y quizá deba arriesgarse a lanzar nuevos productos (Figura 10.1).

Es necesario evaluar el nivel de riesgo y cómo quiere que los clientes lo perciban. Por ello, veremos algunos de los flamantes desarrollos móviles y así podrá determinar cómo se adaptará su empresa a los tiempos que se vienen. No olvide que las cosas tienden a aparecer y desaparecer rápidamente en el mundo digital. En 2009, Facebook tenía alrededor de 120 millones

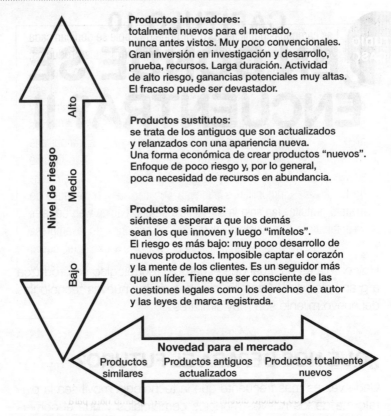

Productos innovadores:
totalmente nuevos para el mercado,
nunca antes vistos. Muy poco convencionales.
Gran inversión en investigación y desarrollo,
prueba, recursos. Larga duración. Actividad
de alto riesgo, ganancias potenciales muy altas.
El fracaso puede ser devastador.

Productos sustitutos:
se trata de los antiguos que son actualizados
y relanzados con una apariencia nueva.
Una forma económica de crear productos "nuevos".
Enfoque de poco riesgo y, por lo general,
poca necesidad de recursos en abundancia.

Productos similares:
siéntese a esperar a que los demás
sean los que innoven y luego "imítelos".
El riesgo es más bajo: muy poco desarrollo de
nuevos productos. Imposible captar el corazón
y la mente de los clientes. Es un seguidor más
que un líder. Tiene que ser consciente de las
cuestiones legales como los derechos de autor
y las leyes de marca registrada.

Nivel de riesgo — Alto / Medio / Bajo

Novedad para el mercado

Productos similares — Productos antiguos actualizados — Productos totalmente nuevos

FIGURA 10.1. Espectro de riesgo ante un producto nuevo

de usuarios activos, aunque eran menos los que se conectaban, y cuando lo hacían pasaban menor cantidad de tiempo en el sitio. Entonces, si está pensando en hacer publicidad, RRPP, etc., en alguna red social, algo que usted considera un medio en donde canalizar sus bienes y servicios hacia millones de potenciales receptores, quizá no resulte tan efectivo de mediano a largo plazo. Debe controlar el inconstante ambiente tecnológico y tratar rápidamente de sacar provecho de las oportunidades y también de minimizar cualquier posible amenaza para su empresa y su marca.

ESTUDIO DE CASO

Las campañas publicitarias del iPhone de Apple se dedican cada vez más a impulsar el aspecto convergente de sus productos; es decir, es una herramienta multiuso en vez de un mero teléfono. Este cambio en la percepción de los consumidores sobre el uso de smartphones tiene una gran importancia en otras industrias, y algunas empresas se toparon con la posibilidad de ingresar a nuevos mercados. En diciembre de 2009, las acciones de la inmobiliaria online Rightmove cayeron más del 10% en un día cuando Google anunció la posibilidad de que en 2010 se creara un sitio en donde los agentes inmobiliarios pudieran publicar sus propiedades de manera gratuita. Tan solo la sugerencia de una página web de tales características fue suficiente para que las acciones de la empresa mencionada se desplomaran. Cuando en 2009 Google (el nuevo participante) presentó una aplicación para iPhone de navegación satelital, las acciones de las empresas existentes dedicadas a esa actividad cayeron abruptamente.

¿En dónde se encuentra?... Actividad 36

Como vimos en el Capítulo 5, es recomendable controlar sus ambientes. En este caso, ¿hay alguna aplicación circulando o que está por ser desarrollada que pudiera afectar a su empresa? ¿Cómo hará para descubrirlo?

UN CÍNICO CONOCE EL PRECIO DE TODO Y EL VALOR DE NADA

Oscar Wilde nunca se hubiese imaginado que su comentario iba a aplicarse a la perfección casi cien años después de su muerte. En este caso, el cinismo corresponde a los consumidores jóvenes que no entienden por qué tienen que pagar por servicios online como películas, música, libros, aplicaciones, etc. Cuando se los interroga acerca de cómo deberían ganarse la vida los artistas, los jóvenes suelen responder que haciendo giras o vendiendo más libros (suponiendo que fueran ejemplares impresos, aunque uno cree que los estudiantes ¡los piratearían de todas maneras!).

Algunos artistas se adelantaron a estos sucesos. Robbie Williams firmó un contrato con EMI sobre un porcentaje del total de sus ingresos, incluidas las giras y el merchandising. Bueno, eso está bien para Robbie, pero ¿qué pasa con las bandas jóvenes que aún no surgieron? Además, ¿qué sucede con los compositores? No es un fenómeno que solamente se dé en el Reino Unido, de hecho en algunas partes del mundo los derechos de autor siguen sin respetarse y esa situación cuenta con el respaldo tácito de los gobernantes de turno.

ESTUDIO DE CASO

Chris Anderson señala que la piratería representa el 95% del consumo de música en China, lo que obligó a las compañías discográficas a replantearse desde cero en qué clase de negocio se encuentran. En el gigante asiático existe un mercado musical extenso y lucrativo... en el que se comercializan ¡ringtones de 20 segundos de duración! China Mobile, el mayor operador, informó que se generaron más de mil millones de dólares en el mundo de la música durante 2007. Lo que sucede en China también puede ocurrir en el resto del mundo. En los Estados Unidos, las ventas de discos disminuyeron casi un 10% más en 2008, y no se vislumbra que esta caída vaya a detenerse. Ese día puede llegar cuando finalmente algunos sellos discográficos cedan y sigan el modelo chino de comercializar música de manera gratuita que servirá para promocionar a los artistas con quienes ganarán dinero de maneras no convencionales, como con respaldos y auspiciantes.

No son solamente los consumidores jóvenes los que no quieren pagar. Las dificultades económicas de 2009 y 2010 reflejaron un aumento en las tendencias ahorrativas. A algunos consumidores siempre les resultó atractivo que el material fuera gratuito y ahora toda una industria se dedica a ello, como el sector del software de fuente abierta. Inspirado por el genial Sir Tim Berners-Lee (el inventor de Internet tal como la conocemos, pero que luego renunció a la autoría intelectual) y con una pizca del pensamiento californiano antisistema, ahora puede manejar su computadora sin pagar por nada. Con el tiempo, el software de fuente abierta se combinará con la *cloud computing*, o computación en la nube, en donde simplemente se recurre al software cuando lo necesita... ¡de manera completamente legal! Seguro que reconocerá varios de los nombres, por ejemplo: Mozilla, AVG, Zone Alarm, Spybot, Java, Flash, Adobe, etc.

El sistema operativo de fuente abierta de Google es una continuación de Linux para ocupar uno de los vacíos de la economía gratuita. Se espera que este giro hacia las herramientas productivas en Internet, como Google Docs (también gratuito), se acelere. Cada vez con más frecuencia los consumidores utilizan sus teléfonos celulares para:

- usar juegos gratuitos online;

- escuchar música gratuita en Spotify;

- mirar vídeos gratuitos en YouTube o Hulu, y

- usar Skype para llamar a amigos de cualquier parte del mundo.

Anderson (2009) señala: "Es el paraíso de todo consumidor: la web se transformó en la tienda más grande de la historia y cada cosa tiene un cien por ciento de descuento".

El peligro es que los sitios realmente buenos no sean capaces de "monetizar"; es decir, de generar suficientes ingresos y resultados finales. Tres ejemplos populares de proveedores de servicios móviles que ilustran este dilema son:

- Twitter necesita que sus ingresos cubran los gastos de banda ancha;

- YouTube hace grandes esfuerzos para que su enorme popularidad se corresponda con sus ganancias;

- Spotify es muy popular y su prestación de servicio móvil puede llegar a desafiar al inmensamente rentable iTunes... suponiendo que elija el modelo de negocio adecuado.

EL CAMPO DE BATALLA DE LOS MEDIOS INFORMATIVOS

Los tiempos están cambiando de verdad. Los diarios por los que antes se pagaba ahora se distribuyen de manera gratuita. Los periódicos gratuitos, como *Metro*, cada vez son más populares entre los jóvenes a pesar de que reciclan gran cantidad noticias y de que dependen demasiado de agencias tales como Reuters y Press Agency. En épocas difíciles recientes, empresas reconocidas y admiradas como Johnson Press hicieron esfuerzos por congelar los salarios y, como resultado, tuvieron problemas con el manejo de los recursos humanos.

Al mismo tiempo, las nuevas tecnologías, como los smartphones, funcionan con material online al que se puede acceder cada vez con mayor frecuencia desde dispositivos manuales, por ejemplo Blackberries, iPhones, Kindles, iPads, incluso el Nintendo DS está online. Un estudio de la Leeds Business School arrojó que los jóvenes de entre 18 y 21 años pasan más tiempo en Internet que mirando televisión; por lo tanto, no resulta sorprendente que en el futuro se informen cada vez más mediante sus celulares. Ahora bien, no todo es color de rosa. Chris Anderson describe de qué manera "el sitio Digg, en donde se comparten noticias entre todos sus millones de usuarios, aún no recaudó ni un centavo". La publicidad va a convertirse en un campo de batalla de gran importancia en donde los proveedores de contenido estarán cada vez más a la defensiva. No habrá donde refugiarse.

La batalla por las ganancias publicitarias

Dentro de 20 o 30 años es improbable que la BBC siga siendo financiada por licenciatarios. Es uno de los sitios web más visitados de todo el mundo; sin embargo, con la financiación actual tienen menos probabilidades de competir con las nuevas tecnologías. La tecnología que se viene –por ejemplo, los celulares 4G– funciona con material online al que se puede acceder cada vez con más frecuencia desde dispositivos manuales como Blackberry, PDA, Nintendo DS, Apple, iPad, etc. La batalla por saber qué sitio debería actuar como puerta de enlace (y, por lo tanto, ser el mayor beneficiario de los ingresos por publicidad y de los clics realizados) se intensificará.

NewsNow (también conocido como NewsNow.co.uk) es el sitio de RSS más grande del Reino Unido, yl ha estado aportando enlaces a noticias en Internet desde 1997. Ya en 2010, NewsNow contaba con enlaces a 31.000 fuentes de noticias, incluidas las publicaciones más conocidas. Al igual que otras organizaciones online, esta empresa depende de una combinación de ingresos por publicidad, por anunciantes y por suscripciones para financiar sus servicios. El sitio genera cerca de dos millones de usuarios al mes y recibe más de 100 millones de visitas mensuales. No obstante, está inmerso en una batalla por las ganancias que continúa embraveciéndose mientras que las empresas se acomodan a la vida después de la web 2.0. Acusó a News International (NI) de obstaculizar la libertad de acceso a la información pública porque esta organización había informado que ya no podrían ponerse enlaces a ninguno de sus sitios.

Lo anterior significó que los visitantes de NewsNow no pudieran ver más el contenido desde el sitio de Times Online, que, sin dudas, es uno de los mejores que existen en la actualidad. El bloqueo se implementó mediante el uso del protocolo robots.txt, una convención para solicitar motores de búsqueda, web spiders y otros robots web que evitan la búsqueda de páginas en todo un sitio o en partes de él. En diciembre de 2009, NewsNow eliminó varios de sus enlaces a sitios de diarios de alcance nacional como un modo de acatar los intentos de The Newspaper Licensing Agency Limited (la NLA) de imponer un esquema que incorporase a obligación de obtener permiso y pagar una tarifa para hacer circular enlaces a las páginas web de acceso gratuito. Posteriormente, el programa pasó a manos de Copyright Tribunal.

NewsNow.co.uk es el auspiciante fundador de la Right2Link Campaign (http://www.right2link.org/).

Regulación

En el futuro veremos una mayor actividad regulatoria en los medios sociales. Si es como en las ocasiones anteriores, contará con la declaración de intereses, códigos de prácticas, protección de menores y contra el material ofensivo. Sin embargo, es improbable que veamos restricciones en la cantidad de exposición de mensajes comerciales que aparecen en la televisión comercial. Es discutible si resulta sencillo controlar los canales, por eso es probable que la autorregulación sea un aspecto clave.

Deporte

Abunda la ingenuidad entre quienes promocionan las nuevas tecnologías. Los cambios que están apareciendo modificarán totalmente el modo de consumir los servicios. No es fantasioso prever una transmisión directa de, digamos, partidos de fútbol mediante smartphones para quienes asistan al estadio o para los que prefieran quedarse en sus casas. Tendrán la posibilidad de:

- volver a ver jugadas y decisiones polémicas;
- hacer apuestas online durante el desarrollo del partido sobre cada vez más cosas; por ejemplo: la cantidad de laterales o los cambios que se hacen;
- comprar comida y bebida en el entretiempo;

- twittear sus comentarios sobre el partido en tiempo real y así transmitir una idea;

- contactarse con el resto de los jugadores y con el personal de vestuario durante el partido, etc.

De esta forma, los clubes aumentarán sus ingresos por publicidad. La costumbre de que los clubes se encarguen de la administración continuará, y solo aumentará la necesidad de mejorar sus resultados finales. Extrapolemos esto a todos los deportes a lo largo del año en todo el planeta y veremos que representa una oportunidad enorme para que las empresas desarrollen sus plataformas de comercio móvil.

EDUCACIÓN, EDUCACIÓN, EDUCACIÓN

Como vimos en el Capítulo 1, en un mundo que cambia constantemente muchas cosas son las mismas de siempre. Miremos, por ejemplo, el caso de la educación universitaria. Solamente en el Reino Unido hay 120 universidades, lo que genera alrededor de 300.000 graduados al año. Si cada alumno estudia 10 módulos, puede verse que la atención está en los promotores. Cuando se tiene en cuenta el mercado internacional, las cifras son alucinantes. En India y China se gradúan cuatro millones de personas al año... ¡en cada país!

Los futuros asociados que busquen oportunidades para desarrollar materiales compatibles con los celulares junto con las universidades pueden estar seguros de que:

- la tecnología móvil se usará cada vez más;

- las tarifas seguirán aumentando, y los estudiantes buscarán propuestas rentables;

- los estudiantes internacionales tendrán mayores opciones según donde estudien;

- la mayoría de los alumnos británicos poseen smartphones, cada vez son más exigentes y se ven a sí mismos como consumidores.

La Open University funciona principalmente online y obtuvo casi 10 millones de descargas de contenido vía iTunes. Esto nos demuestra que los estudiantes son receptivos a la idea y que sin dudas surgirá una industria que diseñe herramientas de e-learning para satisfacer la demanda. Aparecerá un mercado de gran importancia para las empresas que trabajan en conjunto con universidades y desarrollen materiales interesantes. La Leeds Business School es un centro de excelencia para las Relaciones Públicas y participa activamente con el Chartered Institute of Public Relations (CIPR). A todos los estudiantes que cursan la Maestría en Relaciones Públicas se les entrega un iPod y se los provee de un flujo constante de podcasts.

FUTURAS TENDENCIAS TECNOLÓGICAS

Debemos analizar qué vendrá después. Bueno, indudablemente que los usuarios tendrán más opciones a medida que los celulares reemplacen la PC de escritorio como la plataforma principal de comercio electrónico. Los teléfonos móviles tendrán más potencia de procesamiento que los ordenadores actuales y podrán comunicarse de manera inalámbrica con otros dispositivos. Entre ellos estarán los dispositivos médicos, con los que su médico de cabecera podrá revisar el estado de su corazón mediante almohadillas diseñadas para smartphones; su casa contará con tecnología inteligente que se ajustará a las circunstancias, o sea, apagar la calefacción si es un día más caluroso de lo previsto o encender el horno antes de que usted llegue.

Personalización y hecho a medida

Los proveedores buscan más a menudo personalizar sus sitios web para PC y celulares, y así lograr que el usuario tenga una experiencia satisfactoria. iGoogle permite crear una página de inicio personalizada que contenga un cuadro de búsqueda de Google en su parte superior, y las herramientas que usted elija. Se accede desde un smartphone, y se puede ingresar a:

- la casilla de mensajes de Gmail;

- títulos de Google Noticias y otras fuentes de información;

- pronóstico del clima, cotización de las acciones, horarios de películas, etc.

Además, puede añadir favoritos y de ese modo el celular le permitirá acceder rápidamente a esos sitios la próxima vez que se conecte.

La tendencia a la personalización continuará en distintos frentes. Los teléfonos celulares alojados en relojes pulsera ya se encuentran disponibles. La creciente miniaturización significa que esta tendencia (de integrar el teléfono) se extenderá a las prendas de vestir e incluso tal vez a las joyas. Los cascos de motocicleta con Bluetooth están pasados de moda, así que no se sorprenda si se confeccionan más prendas tecnológicas.

Widgets, widgets por todas partes...

Los widgets se establecieron como herramientas fundamentales en Internet, en donde existen estándares universales para la creación de páginas. Todos gozan de reconocimiento, pero algunos analistas señalan que Trivia Blitz fue el primer widget que se lanzó, allá por 1997, y siguió creciendo hasta figurar en 35.000 sitios web.

© GRANICA

¿Qué es un widget?

Chaffey (http://www.davechaffey.com) lo define de la siguiente manera: "Es un distintivo o un botón que el propietario de un sitio o red social le incorpora, y proporciona contenido o servicios generalmente provenientes desde otro sitio, lo que hace que los widgets sean en efecto una pequeña aplicación para software o servicio web. Puede actualizarse el contenido en tiempo real porque el widget interactúa con el servidor cada vez que se carga". Está en discusión su efectividad; sin embargo, si le interesa, visite el sitio de Snipperoo, tiene una gran cantidad de información útil y consejos prácticos.

¿Por qué analizamos los widgets ahora en vez de haberlo hecho, por ejemplo, en las secciones "Proceso" o "Presencia" del Capítulo 2?

No quedan dudas de que los widgets tendrán un papel cada vez más importante a medida que aumente la penetración de los smartphones. Harán que las comunicaciones móviles sean más sencillas, ya que los usuarios no tendrán que sortear enormes cantidades de datos. En vez de ello, simplemente harán clic en un botón que los dirigirá hacia su destino o programa preferido. Ahora bien, su uso ha sido bastante irregular por la falta de estándares, y por la necesidad de que los widgets sean compatibles con los distintos sistemas operativos y tipos de celulares. Hay un cierto consenso sobre lo que las empresas que recién comienzan a utilizan widgets móviles deben tener en cuenta:

- sus metas y objetivos;
- los medios de distribución;
- la infraestructura de soporte del servidor, y
- el entorno de ejecución.

Lo bueno es que existen iniciativas que investigan cómo superar los problemas de las plataformas múltiples. Bajo el lema "Escribir una vez, ejecutar en cualquier parte", BONDI busca crear aplicaciones móviles, por ejemplo: widgets que sean universales y no tengan problemas en el futuro... Cuanto antes, mejor.

> **¿En dónde se encuentra? II... Actividad 37**
> Si le interesa, visite los siguientes sitios:
> * http://bondi.omtp.org/default.aspx
> * http://www.omtp.org/

4G

La próxima generación de teléfonos tendrá considerablemente más funcionalidades que las actuales versiones 3G. El acceso a banda ancha será mucho mejor, la potencia de procesamiento y de almacenamiento seguirá duplicándose cada 18 meses y las descargas se realizarán hasta 100MB por segundo. Las nuevas clases de aplicaciones harán que la mayoría de estos desarrollos se basen especialmente en vídeo, lo que a veces resulta complicado con 3G. Los vlogs irán reemplazando a los blogs tradicionales, ya que los usuarios utilizarán sus aparatos celulares desde donde se encuentren en vez de estar sentados en un escritorio frente al ordenador. Las videoconferencias desde celulares serán algo cada vez más habitual, ya que la tecnología de las cámaras y de los micrófonos está mejorando. Por lo tanto, usted podrá tener más interacciones de mejor calidad con colegas que se encuentren lejos, al tiempo que reducirá su huella de carbono.

Los sitios en donde se comparten vídeos cada vez son más parecidos a las páginas en donde se comparten fotos, como Flickr, que aún son populares. La disminución del tiempo de descarga de los vídeos se corresponde con el aumento de la piratería. Corea del Sur encabeza la lista de velocidad de banda ancha con 100 Mbits, cuando lo normal en la mayor parte del Reino Unido es de 4 Mbits. No es sorprendente que si descargar una película tarda un par de minutos, la tendencia a copiar y distribuir de forma ilegal aumente enormemente. Este es el caso de Corea del Sur.

© GRANICA

Contenido generado por el usuario

A medida que vaya mejorando la calidad de las grabaciones, iremos viendo más periodismo móvil en sitios como Ohmy-News. YoSpace es similar a YouTube, pero quienes colaboran cobran cada vez que su vídeo se descarga. SeeMeTV generó 12 millones de descargas desde su lanzamiento y entregó cerca de 250.000 libras esterlinas a sus colaboradores.

Tocmag es un servicio gratuito de contenido móvil generado por el usuario. La BBC realizó un informe sobre cómo tienen que hacer los usuarios para crear sus propios "Tocmags", los cuales cuentan con hasta seis páginas de vídeo, audio, texto e imágenes y pueden compartirse con los demás a través de dicho sitio web. Desde el lanzamiento de la empresa, en noviembre de 2006, se descargaron alrededor de un millón de "Tocmags". Este servicio podría ser la forma ideal para que las PYMES incursionen en la implementación de más prácticas de comercio móvil. Además, es un modo sencillo de promover el marketing interno mediante equipos multifunción que generen material para que sus colegas lo examinen.

Cuestiones de seguridad

Los precios de los celulares se estancarán o, incluso, disminuirán. Por lo tanto, el futuro del móvil marketing estará cada vez más sujeto a las aplicaciones disponibles para smartphones. Debido a que los teléfonos celulares interactúan con otras plataformas, que se comunican de manera constante con otros dispositivos, se usarán para proteger los intereses de los usuarios en el trabajo, en el hogar y en los momentos de recreación.

Los smartphones van a poder almacenar datos biométricos tales como huellas digitales y escaneos de retina, que se complementarán con el reconocimiento de voz. Estas características permitirán realizar transacciones de pagos seguras y el mayor uso de los celulares para reemplazar el dinero en efectivo.

Las principales compañías de telefonía celular –por ejemplo: Ericsson– lanzaron un sistema de pagos llamado Payforit. Este programa proporciona un entorno seguro y confiable para las compras de contenido móvil. El reglamento de la "Trusted Mobile Payment Framework" determina de qué manera los comerciantes, los intermediarios de pago acreditados y los operadores colaboran para que los pagos móviles representen un proceso seguro y sin problemas. Además de generar confianza en las formas de pago móviles, Payforit busca crear transparencia y facilidad de uso para los consumidores. Un conjunto de reglas "tipo de pantalla" determinan cómo funcionan y se visualizan las páginas de pago, y simplifican y garantizan la forma en que los usuarios adquieren contenido mediante una interfaz estandarizada diseñada para teléfonos celulares. Ya existen programas similares, por ejemplo en Alaska los consumidores pueden pagar por artículos para el hogar a través de sus celulares. Con el tiempo, esta tendencia podría poner en riesgo el uso de tarjetas de crédito ya que brinda una mayor seguridad y a la larga disminuye las estafas.

A fin de cuentas, resulta difícil entender de qué manera podrá subsistir la industria de la tarjeta de crédito (bajo su forma actual), ya que los usuarios van a optar cada vez más por el celular como método de pago. La industria bancaria implementará este sistema ya que los dispositivos móviles dan mayor seguridad. El desarrollo de chips y pines disminuyó notablemente el fraude con las tarjetas de crédito. El tema de los teléfonos celulares recién comienza. Es discutible, pero el hecho de que eBay haya comprado Paypal quizá resulte ser la mejor adquisición de las últimas décadas. Su sistema de subasta tal vez haya llegado a su techo, sin embargo el pago online y móvil va a seguir creciendo. Usted debe cerciorarse de que sus productos y servicios puedan pagarse (de manera sencilla) mediante una plataforma móvil.

Juegos móviles

Los juegos representan una pieza importante para las plataformas de tecnología dura y blanda. Las ganancias mundiales por juegos para celulares superaron los siete mil millones de dólares en 2008, y se espera que continúen aumentando de aquí en adelante. Un sector fundamental son las apuestas móviles, que también están creciendo. Gracias a que se generan enormes sumas de dinero, los smartphones del futuro contarán con mejores funciones de seguridad.

Mundos virtuales

Son entornos online interactivos y ficticios, a menudo en 3D, que ofrecen realidades alternativas en donde los usuarios participan de mundos de fantasía. En la mayoría de ellos, los usuarios crean "avatares" para interactuar con los demás en el juego. Los avatares, a diferencia de lo que se muestra en la exquisita película de James Cameron, son versiones ficticias de los usuarios que pueden tener detalles en común, por ejemplo el género, el nombre, el físico, la apariencia, la ropa, etc. Los smartphones actuales utilizan avatares con mayor frecuencia; por ejemplo el LG GDS510 (también llamado LG Pop) le da al usuario la opción de ver las comunicaciones móviles de entrada y salida a través de un avatar, en lugar de una lista tradicional.

Estaba previsto que para 2011 el 80% de las personas tendría uno o más avatares online (Van Nes y Wolting, 2009). Como la película más taquillera en menor tiempo de la historia, algo es cierto: ahora casi todo el mundo conoce la palabra "avatar", y tarde o temprano se dejará de asociarla con los "locos por la computación". Los mundos virtuales permiten que los miembros modifiquen, desarrollen, construyan o personalicen su entorno, así que además de crear su avatar se puede decorar y amueblar un departamento virtual. Estos mundos también permiten y alientan actividades en las redes sociales, tales como entablar relaciones, formar grupos sociales, comunidades, etc. Existen mundos virtuales para niños (*Club Penguin, Roblox*), para adolescentes (*Dubit, Sims*), jóvenes (*Second Life*) y adultos.

¿En dónde se encuentra? II... Actividad 38

Vale la pena que se dé una vuelta por www.virtualworldsreview.com si está interesado en dirigir sus comunicaciones de marketing y/o móviles a cualquiera de estos segmentos a través de un mundo virtual.

Algunas formas para integrar sus comunicaciones de marketing son:

- comprar espacio (terreno) y establecer una presencia interactiva;

- pagar para que figure su marca u organización;

- llevar a cabo una competencia u otra actividad de promoción de ventas;

- crear un mundo lleno de marcas, por ejemplo, con comunidades auspiciadas;

- comercializar productos o servicios que se complementen con la creación del avatar, por ejemplo: zapatillas Reebok para avatares de *Second Life*.

3D y Realidad Aumentada (RA)

El 3D está teniendo lugar en los celulares y su aceptación será más sencilla a medida que los fabricantes de televisores, los proveedores satelitales y las películas aumenten el uso de dicha tecnología. Se puede pensar que tendrá ciertas limitaciones para los celulares, pero la calidad y el tamaño de las pantallas ha mejorado año tras año. Ya hay diseñadores de aplicaciones que quieren sacar provecho de esta etapa. Debe contemplar si alguno de los aspectos de sus comunicaciones móviles se adaptaría al 3D.

Hasta el momento, la RA tuvo poca penetración en los dispositivos móviles, no obstante es probable que se vea beneficiada a partir del crecimiento del mundo virtual online. La RA permite que los datos online se superpongan sobre el mundo real. Juniper Research prevé que para 2014 la RA va a generar 732 millones de dólares. Comparado con el mercado total de los medios sociales representa una porción pequeña, pero seguramente va a crecer a medida que se incorporen más aplicaciones online.

¿En dónde se encuentra?... Actividad 39

Un producto de RA de fuente abierta que tuvo éxito enseguida es Layar. Con él, los usuarios de móviles pueden superponer una capa de realidad virtual sobre el mundo real luego de grabarlo con el celular. Podría hacerse, por ejemplo, un mapa con los bares, dentistas o bancos de la zona, entre otras cosas. Échele un vistazo a su sitio (http://layar. com/), y deténgase a pensar de qué manera podría verse beneficiada su empresa con estas capas. Si siente que tiene potencial, contáctese con un desarrollador y póngase en marcha enseguida.

Es probable que cada vez más celulares vengan equipados con miniproyectores, como ya sucedió con algunas videocámaras. Esta función hace que resulten más sencillas las aplicaciones 3D y de RA. Aunque hoy en día tal vez parezca algo de ciencia ficción, no podrá evitar darse cuenta de que el iPad pareciera encajar perfectamente en la ¡USS Enterprise! Ciertamente, vale la pena estar atento a estas novedades, en especial si desea que su compañía figure a la cabeza del comercio móvil.

¿Qué sucede con los nombres conocidos?

Google continuará desafiando a los líderes del mercado; por ejemplo, su sistema operativo Android se tornará cada vez más importante. Twitter es lo más destacado en la actualidad, pero no hace tanto tiempo lo era Friends Reunited. ¿Podrá Google Buzz[1] desafiar a Facebook? ¿Qué hará Apple después?

Si el software de traducción por voz que propone Google da resultado, se podrá llamar a cualquier persona del mundo y hablar sin un intérprete de por medio. Por ejemplo, una persona habla en castellano y la otra (desde Japón) la escucha en japonés; esta responde en japonés y aquella la recibe en castellano. Si esto funciona, revolucionará las comunicaciones comerciales.

Convergencia

Este es un asunto complicado. Todos los anteriores cada vez van a estar más disponibles en todo tipo de plataformas. La televisión se podrá ver de manera directa (y mediante el sistema bajo demanda) desde más cantidad de celulares. La BBC ya es uno de los proveedores más grandes del mundo de servicios a la carta... lo que representa un enorme dolor de cabeza para la industria de la publicidad ya que se prevé que la BBC no contará con publicidad en el futuro. Los usuarios van a navegar más a menudo a través de sus televisores (los fabricantes ya están desarrollando widgets para televisión). Los usuarios cada vez hacen más cantidad de tareas; es decir: se conectan a Internet, al celular, a la telefonía fija, al cable, etc. ¡y todo al mismo tiempo! Debe ser capaz de reaccionar ante los desafíos que esto conlleva.

---

1 Google Buzz era una red social de Google creada en 2010 y que desapareció un año más tarde. (N. de la T.)

BIBLIOGRAFÍA

Anderson, C.: *Free: The future of a Radical Price*, Random House, 2009. (Existe una versión en castellano: *Gratis: el futuro de un precio radical*, Tendencias, 2009).

Armstrong, M.: *Handbook of Human Resource Management Practice*, Kogan Page, Londres, 2009.

_____ ; Gosnay, R. y Richardson, N.: *Develop Your Marketing Skills*, Kogan Page, Londres, 2008.

Direct Marketing Association Ltd. (DMA): *Mobile Marketing Best Practice Guidelines*, Reino Unido, 2009. Disponible en: http://www.dma.org.uk/information/inf-practice.asp [último acceso, 31 de enero de 2010]. http://www.payforituk.com/pages/news/news1.html [último acceso, 31 de enero de 2010].

Fill, C.: *Marketing Communications: Interactivity, communities and content*, 5ª ed., Financial Times, Londres, 2009.

Kotler, P.; Wong, V.; Armstrong, G. y Saunders, J.: *Marketing Principles*, 4ª ed. europea, FT Prentice Hall, Londres, 2005.

McDonald, M.: *Malcolm McDonald on Marketing Planning: Understanding marketing plans and strategy*, Kogan Page, Londres, 2008.

Piercy, N. F.: *Market-Led Strategic Change: Transforming the Process of Going to Market*, 4ª ed., Butterworth Heinemann, Oxford, 2009.

Porrit, J.: *Capitalism as if the World Matters*, Earthscan, Londres, 2005.

Reid-Smith, E. *Seven-step e-Loyalty Consulting Process*, 2009, en el sitio: http://www.e-loyalty.com.

Tocmag online (artículo): http://news.bbc.co.uk/1/hi/technology/6340103.stm#4 [último acceso, 31 de enero de 2010].

Van Nes, J. y Wolting, F.: *Another Perfect World*, 2009, programa C4, emitido el 23 de junio, online en: http://www.channel4.com/programmes/another-perfect-world.

GLOSARIO

adherencia: el uso de contenidos en Internet para alentar a los usuarios a que pasen más tiempo en un sitio, lo visiten con más frecuencia o le presten más atención.

advergame: videojuego diseñado ante todo para promocionar un producto, una organización o un concepto.

AIDA, **modelo de comunicación:** modelo dirigido a captar la Atención, el Interés, el Deseo y la Acción.

análisis FODA: modelo utilizado para llevar a cabo una autoevaluación en una organización. Consiste en observar las Fortalezas y Debilidades internas, y las Oportunidades y Amenazas externas.

análisis FODA **(otra variante):** los mismos pasos a seguir para un análisis FODA. Los objetivos principales del marketing (FO, FA, DO, DA) se clasifican según su Urgencia, Probabilidad e Impacto. Permite un mejor enfoque y priorizar los objetivos fundamentales.

ASA: Advertising Standards Authority, es el organismo independiente que se encarga de regular la publicidad y otras formas de comunicación de marketing en el Reino Unido.

avatar: representación computadorizada que hace el usuario de sí mismo. Un avatar puede ser tridimensional, como en los juegos y en los mundos virtuales; bidimensional, como en las imágenes de las redes sociales, o basado en textos, como en las salas de chat.

banner publicitario: imagen en un sitio web utilizada para publicitar un producto o servicio.

benchmarking: la CIM lo define como un proceso para analizar productores, servicios y actividades frente a competidores de renombre o líderes de la industria reconocidos. Es una actividad constante cuya finalidad consiste en mejorar el desempeño y puede aplicarse a todas las facetas operativas. El benchmarking requiere de un mecanismo de evaluación para identificar las fallas en el desempeño. Se dedica a comparar las mejores prácticas entre empresas diferentes.

beneficio: la ganancia obtenida mediante el uso de un determinado producto o servicio. Los consumidores adquieren productos/servicios porque desean conseguir estos beneficios.

blog: diario/publicación actualizada con regularidad destinada al consumo público.

blogosfera: suma total de todos los blogs y sus interconexiones. Este término implica que los blogs existen en conjunto como una comunidad conectada mediante la cual los autores pueden publicar sus opiniones todos los días.

boca a boca: sucede cuando los consumidores comparten información, opiniones y comentarios acerca de marcas y empresas. Normalmente, un consumidor se lo cuenta a 5 o 10 amigos y luego la comunicación se debilita. Es distinto del marketing viral, en donde la comunicación se expande. El boca a boca digital es similar, pero se transmite a través de una plataforma en Internet.

buzz marketing: comunicaciones boca a boca entre consumidores que pueden ser distribuidas o mejoradas por los efectos en la red en Internet.

canal: vehículo mediante el cual se transmite el mensaje al receptor.

canibalización de un producto: pérdida de ventas de un producto ante otro similar dentro de la misma línea.

ciclo de vida de un producto: etapas de la vida de un producto, formadas por períodos de presentación, crecimiento, madurez y decadencia.

CIPR: Chartered Institute of Public Relations, el mayor organismo profesional de RRPP de Europa.

codificación: dotar a un mensaje de signos, símbolos y un lenguaje que el receptor interpreta y entiende.

decodificación: interpretación del mensaje codificado por parte de los receptores.

diversificación: estrategia de crecimiento que consiste en que una organización provea nuevos productos o servicios. Las novedades que se ofrezcan pueden estar relacionadas o no con las actividades principales de la compañía.

emisor: persona u organismo que envía un mensaje al receptor.

EPOS: punto de venta electrónico (por sus siglas en inglés). Dispositivos electrónicos (por ejemplo: registros, balanzas, escáneres, visualizadores, etc.) que pueden relacionarse con los sistemas internos, por ejemplo: las existencias y también bases de datos de clientes, como Tesco Clubcard.

espectro de sustentabilidad: una idea general de la posición de la empresa en cuanto a sustentabilidad según el triple resultado. Se lo debe comparar con la visión que tienen los clientes de la compañía.

estrategia de extensión de marca: proceso en el que se usa un nombre comercial ya existente en un nuevo producto o servicio; por ejemplo: el uso del nombre comercial Virgin en ciertas actividades comerciales.

estudio de mercado: proceso en donde se analizan y recopilan datos del entorno, de los clientes y de la competencia con el objetivo de utilizarlos en la toma de decisiones empresariales.

flash mob: repentino encuentro de un grupo grande de personas en un lugar predeterminado para desarrollar alguna actividad breve y luego dispersarse rápidamente. Este término se aplica solo a los encuentros organizados mediante correo electrónico viral, redes sociales o telecomunicaciones; no se aplica a los trucos publicitarios organizados por las agencias de RRPP.

formador de opinión: persona que tiene influencia en los demás por su experiencia profesional.

grupo focal: entrevista simultánea realizada a un grupo de entre 6 y 12 personas. Su objetivo es obtener información cualitativa sobre un tema determinado.

hash tags: son mensajes cortos utilizados en las redes sociales, como Facebook, que pueden etiquetarse con el símbolo "#". Por ejemplo, "#ale es mi tipo de #cerveza preferido" le permite seguir el hilo sobre cervezas y ale.

información de primera mano: el proceso de organizar y recopilar datos para una organización.

información de segunda mano: estudiar información que ya ha sido publicada.

larga cola: representa la forma de la curva de medios que comienza con los canales de medios masivos convencionales con un gran alcance, como la televisión, y se aplana con los canales en expansión, como las redes sociales y los blogs, de menor alcance.

líder de opinión: persona que tiene la capacidad de influir en los demás debido a su posición social.

macroambiente: las fuerzas externas incontrolables para una organización. El acrónimo STEELPIES puede utilizarse para destacar las fuerzas externas que participan.

marketing de nicho: el proceso de concentrar recursos y esfuerzos en un segmento en particular.

marketing de prueba: probar un producto o servicio nuevo en una región específica antes de lanzarlo a nivel nacional.

marketing directo: el proceso de enviar material promocional a una determinada persona de una organización.

marketing electrónico: parte del marketing del comercio electrónico cuyo objetivo es comercializar y vender productos y servicios a través de Internet.

marketing pull: donde la gran demanda hace que los clientes sean quienes busquen información sobre las mercaderías de una empresa/marca en vez de que sea el comerciante el que busque al cliente. A veces se hace referencia a este proceso como "marketing inverso".

marketing push: lo habitual para la mayoría de los comerciantes, donde las comunicaciones con los clientes se hacen mediante intermediarios y canales.

marketing relacional: creación de una relación a largo plazo con los clientes actuales. El objetivo es la fidelización de los clientes mediante la satisfacción de sus necesidades.

marketing sustentable: R. Gosnay y N. Richardson (2008, *Develop Your Marketing Skills*, Kogan Page) lo definen del siguiente modo: "El marketing sustentable se basa en los principios del triple resultado. Por lo tanto, las decisiones deben ser éticas y guiarse por las prácticas comerciales sustentables las que, con el tiempo, representan la única forma de resolver las tensiones entre los deseos y los intereses a largo plazo de los consumidores, los requerimientos de las empresas, los intereses a largo plazo de la sociedad y la necesidad de que haya un equilibrio ambiental".

marketing viral: empleo de sitios ya existentes en redes sociales por parte de las empresas para difundir mensajes de marca y otros contenidos de marketing relacionados. Deriva de la característica de autorreplicación que poseen los virus informáticos.

mash-up: Material original, como un vídeo o una publicidad, editado a partir de más de una fuente pero que pretende proceder solo de una.

medios de comunicación generados por los consumidores: actividad general en la web donde los consumidores aportan su propio contenido. También conocido como contenido generado por los usuarios.

mezcla ampliada de marketing: toma la mezcla tradicional y la amplía para incluir Personas, Procesos y Evidencia Física (*physical evidence* en inglés). Muy utilizada por las empresas de servicio. También se la conoce como las 7 P.

mezcla de marketing: herramientas utilizadas para implemen-

© GRANICA

tar opciones estratégicas que tradicionalmente consisten en Productos, Precio, Plaza y Promoción (también conocida como las 4 P).

microambiente: ambiente configurado de manera única por las partes interesadas en la organización y que tienen un grado de influencia en ella. Entre los participantes microambientales se incluyen: clientes, proveedores, distribuidores, competencia, público, facilitadores, agentes, mayoristas y otros intermediarios. No todos los involucrados tienen el mismo poder y/o interés, y por eso debe determinarse su posición.

minería de datos: uso de la inteligencia artificial para resolver problemas de marketing y ayudar a prever y predecir datos.

motores de búsqueda: base de datos de muchas páginas web que se encarga de "posicionar" los resultados de un término de búsqueda.

mundo virtual: entorno computarizado y simulado en donde los usuarios pueden habitar e interactuar mediante sus avatares.

nombre comercial: el usado para identificar bienes o servicios. puede ser un nombre, un término, un signo o un símbolo. una marca bien manejada debe defender ciertos valores y creencias.

OFCOM: Office of Communication, el ente regulador de las comunicaciones del Reino Unido.

PDA: Asistente Digital Personal (por sus siglas en inglés). Dispositivos digitales que reemplazaron a los diarios de papel y a las agendas anilladas. Productos tales como Psions y HP iPaqs eran muy conocidos, sin embargo la aparición de los smartphones hizo que disminuyeran rápidamente ya que la mayoría de estos servicios son habituales entre los celulares.

periodismo ciudadano: cuando los miembros del público tienen un papel activo en la búsqueda, el informe, el análisis y la difusión de noticias y de información. También conocido como periodismo urbano.

plan de marketing: documento escrito en donde se describen las actividades de marketing de una organización durante un período dado. Dicho texto debe incluir análisis del ambiente, estrategias de mezcla de marketing y cualquier plan de emergencia por si la empresa no cumple con los objetivos fijados.

pop-up: publicidad que aparece dentro de una ventana en la parte superior del navegador de un sitio web.

posición de mercado: la percepción que se tiene de un producto o de una empresa desde el punto de vista del consumidor.

promoción de ventas: incentivo para fomentar las ventas de un producto/servicio; por ejemplo: cupones de descuento, comprar un artículo y llevarse otro de regalo.

publicidad: forma impersonal de comunicar un mensaje que utiliza medios pagos para llegar a los receptores a los que desea dirigirse.

punto de equilibrio: momento en que la facturación de una empresa equivale a los costos totales.

receptor: el consumidor o el usuario que pertenece al mercado al cual se dirige el producto.

relaciones públicas: proceso de construcción de buenas relaciones con los distintos participantes de la organización.

reposicionamiento de marca: un intento por cambiar la visión que tienen los consumidores de una determinada marca. Por ejemplo: cuando Volkswagen reposicionó con éxito la marca Skoda.

RFID: etiquetas de Identificación por Radiofrecuencia (por sus siglas en inglés). Se utilizó originariamente para proteger las existencias y controlar los precios, pero suele usarse cada vez más para controlar el comportamiento del comprador, por ejemplo: si se coloca RFID en los carros de los supermercados, se pueden detectar con precisión los movimientos que ellos realizan dentro del local y, de ese modo, reconocer cuáles son las áreas de menor concurrencia.

ruido: cualquier interferencia en el proceso de comunicación; por ejemplo: distracciones cotidianas y estados de ánimo.

segmentación: proceso que se encarga de dividir el mercado en grupos que tengan comportamientos y características similares.

triple resultado: la idea de Elkington acerca de que el enfoque corporativo y económico tradicional sobre las ganancias puede complementarse con el flamante enfoque social y ambiental que incluya a las personas y el planeta.

valor de marca: el valor que la marca le da al producto.

venta personal: vender un producto o servicio de manera personalizada.

ventaja competitiva: ofrecer un beneficio distinto del que ofrece la competencia.

vídeos de publicidad viral: planes estratégicos y dirigidos de una actividad que da como resultado un vídeo o serie de vídeos que se vuelven virales. Por lo general, se identifican las comunidades que se corresponden con la marca y luego se suben los vídeos a través de las muchas plataformas con el objeto de difundirlos entre personas de pensamientos afines.

widgets: aplicaciones o "artilugios" que ayudan a visualizar y presentar la información.

wiki: software que permite que grupos de personas creen y aporten sus conocimientos sobre un tema en particular. Posibilita el aporte y la colaboración de muchos usuarios.

Este libro se terminó de imprimir en el mes de noviembre de 2013, en Artes Gráficas Color Efe, Paso 192, Avellaneda, Buenos Aires, República Argentina.